もしもし上海
魔都新发现

上海广播电视台《中日新视界》 编著

U0360234

上海交通大学出版社
SHANGHAI JIAO TONG UNIVERSITY PRESS

内容提要

　　本书是一本针对在沪生活或即将开始上海生活的日本人打造的魔都生活实用手册。书中邀请50个日本人从自身经历和观察出发，分享在沪日本人眼里的魔都软实力，介绍上海生活的便捷之处。全书分为家居日常、交通出行、文化生活三部分，通过菜场、地铁站、体育场馆等场景的呈现，切入坐公交、买菜、倒垃圾、家电维修、宠物护理、周末观展、共享服务等50个具体主题，以漫画与文字结合、中日文对照的形式，打造实用便捷的在沪外籍人士"魔都生活指南"。

图书在版编目（CIP）数据

魔都新发现：汉日对照/上海广播电视台《中日新视界》编著.—上海：上海交通大学出版社，2022.9

　　ISBN 978-7-313-26968-3

　Ⅰ.①魔… Ⅱ.①上… Ⅲ.①社会生活—上海—指南—汉、日　Ⅳ.①D675.1-62

中国版本图书馆CIP数据核字（2022）第104849号

魔都新发现
MODU XIN FAXIAN

编　　著：上海广播电视台《中日新视界》

出版发行：上海交通大学出版社　　　　地　　址：上海市番禺路951号

邮政编码：200030　　　　　　　　　　电　　话：021-64071208

印　　制：苏州市越洋印刷有限公司　　经　　销：全国新华书店

开　　本：880mm×1230mm　1/32　　印　　张：10.125

字　　数：239千字

版　　次：2022年9月第1版　　　　　　印　　次：2022年9月第1次印刷

书　　号：ISBN 978-7-313-26968-3　　音像书号：978-7-88941-533-0

定　　价：78.00元

版权所有　侵权必究

告读者：如发现本书有印装质量问题请与印刷厂质量科联系

联系电话：0512-68180638

编委会名单

主　　编：吴　茜　黄　铮

副主编：李　琳　沈　林

日语审核：永岛雅子

编委会成员：邵瑛里　周化达　杨　佳

今年是中日邦交正常化50周年。上海广播电视台融媒体中心《中日新视界》栏目精心策划制作了50集的《魔都新发现》节目，并出版成书。该项目邀请50位在上海生活的日籍友人分享有代表性的50个日常生活场景，以生动活泼的形式提供了一份不可多得的"上海生活攻略"，也让人从中感受到上海城市生活的乐趣和魅力。

1923年日本文人村松梢风第一次来到上海，后来他写了一本《魔都》记录自己在上海的体验。百年后的今天，上海已是拥有两千四百多万人口的世界级超大城市，各类设施不断完善，城市功能更加健全，正朝着社会主义现代化国际大都市的宏伟目标阔步迈进。

人民城市人民建，人民城市为人民。包括日本朋友在内的在沪外国友人是上海城市的重要组成部分，我们虽然有着不同的文化背景、成长经历，但是对美好生活的向往是相通的。我们愿意为在沪外国朋友提供更为便利、完善的工作和生活条件，希望外国朋友能继续扎根上海，感受城市生活中的可喜变化，把握城市发展带来的巨大机遇，一起创造上海更美好的明天！

上海市人民对外友好协会副会长

景莹

2022年6月

序 二

　　值此中日邦交正常化50周年的重要节点，非常荣幸能够参与到由上海广播电视台融媒体中心《中日新视界》栏目精心策划的，既具有实用价值又充满纪念意义的《魔都新发现》节目和同名书籍制作中。

　　在我多年的工作履历中，有十六年都是从事与中国事业相关的工作，并曾两次在上海任职。作为一名拥有多年上海生活经历的日本人，书里许多类似的场景也曾出现在我与身边同事的在沪生活中。城市的不断发展带来的新生活方式，这些新的生态也成为上海特有的城市风景。相信这也会成为我们记忆中有趣又珍贵的片段。

　　花王自1993年进入中国市场以来，以上海为起点积极开展事业，并将于2023年迎来在华发展30周年。今后，我们将继续在"生态、生命、生活"领域不断提供"优质产品"和服务，真诚地面对每一位中国消费者，以"多触点"的方式，努力成为在各个场景都能贴近大家生活的伙伴。

　　在此衷心祝愿中日友谊美好、长存。

花王（中国）投资有限公司 董事长

西口徹

2022年6月

目 录

二　交通出行

三　文化生活

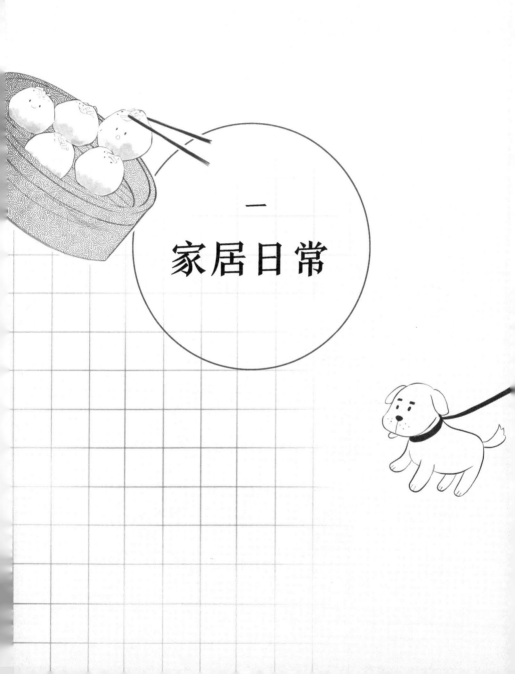

一

家居日常

1 菜场篇

主人公： 鹈饲祐江
沪　龄： 1年
场　景： 菜场

　　一听到"菜场"二字，刚到上海的外国人，多少会有些紧张。其实，菜场是上海都市文化很重要的生活场景，在这里既可以买到新鲜的食材，又可以感受到城市的温度。本篇的主人公鹈饲祐江就是一个爱逛菜场的魔都居民。

　　某日，鹈饲想烧个鸡汤补补身子，就去菜场逛了逛。

鹈饲：这只鸡多少钱？

摊主：20元1斤。

鹈饲：我买这只，回家烧汤吃。

摊主：好的。烧鸡汤放点葱花可以去腥哦！

鹈饲：真的吗？葱在哪里买呢？

摊主：免费赠送，下次再来哦！

爱买多少买多少，是中国菜场的一大特点。在日本，蔬果都是一袋或一捆一卖。在中国，顾客可以根据需要自由组合。比如，你可以买三个橘子加半斤圣女果，这对于独居人士很友好。

在中国的菜场，有些店家会把价格标在商品旁边，有些则需要自助询问价格。如果你不懂烹饪，可以直接向店主咨询不同食材的烧法。如果一时找不到想要买的食材，也可以咨询身边的顾客。热情的上海人肯定会给你建议。有时，你还能看到奶奶带着孙子，一起到菜场买菜，讨论晚饭吃什么。场面非常温馨。

中国菜场也很智能化。在上海的大部分菜场，可以用数字人民币等应用程序线上支付，即使不带现金，也可以完成采购任务。有些菜场里每个摊位都装有联网的收银机，具备数字人民币等非现金支付功能，收银机还会详细记录每笔交易并上传至监控平台，防止摊主随意涨价。在静安区镇宁菜市场，每个摊位营业前都要向信息员报告菜价。数据录入电脑后，就会在菜场入口处的屏幕上滚动播出。

菜场功能也在不断升级。比如普陀区的清涧菜场里，开辟了熟食区和早餐区，还引入配钥匙、理发、裁缝、手机修理等商铺。菜场变身为能向顾客提供一站式服务的便民综合体。

小贴士：

1. 在中国菜场里购物，一般不用"千克"，而用"斤"作为计量单位，1斤等于500克。所以要把采购重量换算成斤。比如500克是1斤，1000克是2斤，250克是500克的一半，自然就是半斤。
2. 如果碰到库存充足，或是即将打烊的情况，说不定还能享受折扣价。

中文练习：

1. 多少钱?

   いくらですか？
2. 我要买1斤。

   500 g ください。

野菜市場編

出演者：鵜飼祐江
上海在住歴：1年
場　　所：野菜市場

QRコードをスキャンして
映像を見よう

　野菜市場と聞くと、中国語初心者は少し緊張するのではない
だろうか。野菜市場は、上海人にとって重要な生活の場だ。野
菜市場では新鮮な食材が買え、人々の温かさを肌で感じられ
る。本編の主人公、鵜飼祐江さんは野菜市場が好きな日本人で
ある。

　ある日、鵜飼祐江さんは鶏のスープを作ろうと、野菜市場へ
鶏を買いに行った。

鵜飼：この鶏は、いくらですか？
店員：500 gで20元です。
鵜飼：この鶏を下さい。スープを作ります。
店員：ネギを少し入れると、鶏の臭みが取れますよ。
鵜飼：本当ですか？ネギはどこで買えますか？
店員：無料であげますよ。また、買いに来てくださいね。

好きな物を好きな分量だけ買えるのが野菜市場の良い所だ。

日本では、野菜や果物は袋詰めされたものが多いが、中国では必要に応じて、みかん3個、ミニトマト250g等、量り売りで買うことができる。量り売りは一人暮らしの人にとっても便利だ。

中国の野菜市場では値段を札に書いてあることが多いが、自分で値段を聞く必要がある店もある。また、調理方法が分からない時は、八百屋さんに聞いてもよし、買いたい食材が見つからない時は周囲の人に聞いてもよし、親切な上海人が教えてくれるだろう。祖母と孫が手を繋いで買い物をしている光景もよく見かける。

一方、中国の野菜市場はスマート化が進んでいる。上海のほとんどの野菜市場では、各ブースに専用の支払い機が設置され、デジタル人民元等で支払いができる。すべての販売データは記録され、管理室にリアルタイムで伝送されるので、店が勝手に値上げするのを防ぐことができる。

静安区にある鎮寧野菜市場では、各店主は営業前に市場の監督係に商品の価格を事前に報告する義務がある。その価格はパソコンに入力され、市場の入り口のスクリーンに表示される。

この他、野菜市場のサービスエリアも充実している。例えば、普陀区の清澗野菜市場では、朝ご飯や惣菜を販売するエリア、合鍵を作る店、理髪店、仕立て屋、スマートフォン修理屋等、色々な店が設けられ、とても便利だ。

ミニ知識：

1. 中国の野菜市場で使う単位は、kgではなく、500 gを表す単位「斤」を使うため、換算が必要だ。500 gは1斤、1 kgは2斤、250 gは500 gの半分なので半斤となる。
2. 在庫が多い時や閉店直前等には、しばしば割引サービスがある。

中国語練習：

1. 多少钱?
   いくらですか？
2. 我要买1斤。
   500 gください。

2 健身篇

主人公：久保田曜丞
沪　龄：3 年
场　景：健身房

因为担心和教练沟通困难，不少初到上海、刚刚开始学习中文的健身迷可能不太敢去健身房。近年来，为了方便上班族运动锻炼，上海的不少健身房都延长了开放时间，许多还开进了住宅区，定期发放优惠券，非常方便。本篇的主人公就是健身爱好者久保田曜丞。

这天，久保田曜丞来到健身房准备报名拳击课程。

久保田：你好，我想选拳击课。

教练：有基础吗？

久保田：没有，我是初学者。

教练：这样的话，每周两次的零基础课程比较合适。

久保田：好，那我就报零基础课程吧。

教练：现在报两门课可以打折哦。

久保田：你真会做生意！我考虑考虑。

最终抵不住折扣的诱惑，久保田又报了门游泳课……

每到夏天，在健身房里打完拳击或是跑完步总会大汗淋漓，这时，不如再去游场泳，既凉快又能瘦身，一举两得。

不过，在疫情防控常态化之下，进入泳池前需要测温，还要出示随申码，手机是必不可少的。而且，不少场馆还会为泳客分发一枚特殊的"钥匙"。

目前，沪上开放的游泳场所共计800余家。很多场馆还引进了物联网、云计算、热感应等信息技术，进一步保障游泳者的健康和安全。例如，上海科技大学游泳馆会向每位泳客分发一枚带芯片的"安全钥匙"，只要贴到泳帽上就能确定所在方位，并实时显示在大屏幕上。一旦泳客在水下超过30秒，就会触发报警系统，提醒安全员确认泳池情况或开展必要的救援。

根据上海市体育局的防疫要求，进入游泳场所时，需测量体温并出示健康码。各大游泳场馆每日需对更衣室、淋浴房等公共场所进行消毒。泳池水质每隔4小时检测一次，且人均游泳面积需大于2.5平方米，这样能在满足市民健身需求的同时，最大程度降低疫情传播的风险。

小贴士：

　　在上海的健身房除了可以办理年卡、月卡，还能购买点卡，根据自身的需求，选择上课次数，灵活好用。

中文练习：

1. 初学者
   初心者
2. 我想选拳击课。
   ボクシングコースを選びたいです。

スポーツジム編

出演者：久保田曜丞
上海在住歴：3年
場　所：スポーツジム

QRコードをスキャンして
映像を見よう

　上海では、ここ数年、サラリーマンの運動する機会を増やそうと、スポーツジムの営業時間を深夜0時まで延長したり、住宅地の近くに店舗を移転したり、割引券を配ったりして利用を促している。本編の主人公は、自らもスポーツジムに通う久保田曜丞さんだ。

　この日、久保田曜丞さんは、ボクシングコースに申し込むため、ジムに行った。

久保田：こんにちは。ボクシングコースに申し込みたいです。

コーチ：経験者ですか？

久保田：いいえ、初心者です。

コース：では、週2回の初心者コースをお勧めします。

久保田：分かりました。では、それにします。

コーチ：今、同時に2つのコースに申し込むと割引がありますよ。

久保田：商売上手ですね！考えさせてください。

　夏は、ジムでボクシングやランニングをして体が熱くなった後、プールで泳ぐと、とても気持ちが良い。

　上海で営業中のプールは現在800ヶ所以上あるが、ほとんどのプールで、IOT（モノのインターネット）、クラウドコンピューティングや熱感知等のハイテク技術が導入され、利用者の安全を守っている。

　例えば、上海科技大学では、チップ付きのセキュリティボタンを利用者の水泳帽に装着させ、位置確認に役立てている。遊泳者の位置情報をリアルタイムでスクーンに映し出すことができ、遊泳者の頭部が30秒以上水中に潜っていると警報システムが始動し、監視員に遊泳者の位置確認と緊急救援を要請する。

　現在、上海では新型コロナの感染予防のため、プールを利用する前に体温測定と健康コードの提出が必要だ。また、全てのプール施設は、更衣室とシャワールームを毎日消毒すること、4時間ごとに水質検査を実施すること、1人当たりの遊泳面積を2.5㎡以上確保することが義務付けられられている。

ミニ知識：

> 　ジムは、年会費や月会費以外にも回数券で利用できる施設もあるので便利だ。

中国語練習：

1. 初学者
   初心者
2. 我想选拳击课。
   ボクシングコースを選びたいです。

3 暑托篇

主人公：牛山永惠
沪　龄：9 年
场　景：暑托机构

　　日本暑假比较短暂，而在中国，6 月期末考试结束后，就会进入长达两个月的暑假。对不少家长来说，和自己可爱的孩子在家里"斗智斗勇"两个月，偶尔也会感到疲惫。而丰富多彩的暑托班和兴趣班将为家长减负不少。本篇的主人公牛山永惠是一位 4 岁男孩的母亲。

　　这天，牛山来到暑托机构，为孩子报兴趣班。

牛山：请问有哪些兴趣班？

工作人员：比较受欢迎的有钢琴、足球、绘画等课程。

牛山：足球挺好的，可以强身健体。一个班有多少人呢？

工作人员：一个班10个人左右。

牛山：每周上几次课？一节课多久？

工作人员：每周两节，一节两小时。

牛山：好的，谢谢。就报足球班吧。

现在，中国许多学校还增设了放学后开展的校内兴趣班，孩子在学校就能学到趣味英语、钢琴、芭蕾等课程。2021年数据显示，日本的兴趣班中，最受欢迎的是游泳、棒球、足球，此外芭蕾和空手道也位列前十，这和中国的情况基本相同。让孩子从小多运动，既能锻炼身体，培养团队精神，又能磨炼意志，对孩子的成长有很大帮助。近年来，少儿编程类的兴趣班在中国也十分普及。

在上海，有的地方还开起了古诗兴趣班，老师们用音乐启发孩子，进入诗情画意的世界。四平路街道的社区暑托班就请来了同济大学的教授，在婉转琴音中，带着孩子们吟唱唐诗。自2021年7月起，四平路街道与同济大学建立了街校合作，让大学老师给孩子们趣说上海历史、讲授唐宋诗词，以开拓孩子的视野，培养孩子对历史文化的好奇心。

在中国，许多家长都非常重视培养孩子主课以外的兴趣爱好，虽然和升学考试没有直接的关系，但兴趣爱好能丰富孩子的课外生活，挖掘孩子的更多潜力。

小贴士：

> 　　孩子的教育马虎不得，很多家长早早搜集起各大兴趣班的资料，做起了攻略。10人以内的小班最受欢迎，需要提前很久预约。

中文练习：

> 1. 有哪些兴趣班?
>   どんな習い事がありますか？
> 2. 一个班多少人?
>   １クラス何人ですか？

出演者：牛山永恵
上海在住歴：9年
場　　所：サマースクール

QRコードをスキャンして
映像を見よう

　日本の夏休みとは異なり、中国の夏休みは6月中旬に期末テストが終了したら、2か月余りの長い夏休みに突入する。可愛い我が子とはいえ、2か月以上も家にいると、親は少ししんどい時もあるだろう。そこで、助けになるのはサマースクールや託児サービスである。本編の主人公は4歳児のママ、牛山永恵さんだ。

　その日、牛山さんはサマースクールの受付に来た。

牛山：こんにちは。どんな内容のクラスがありますか？

スタッフ：ピアノ、サッカー、絵画等のコースが人気です。

牛山：体を鍛えさせたいのでサッカーは良いですね。1クラスの定員は何人ですか？

スタッフ：1クラス約10人です。

牛山：週に何回ですか？1回何時間ですか？

スタッフ：週に2回、1回2時間です。

親役：ありがとうございます。では、サッカーコースに申

し込みます。

　中国では現在、放課後の習い事を校内で行う学校が増えている。英語、ピアノ、バレエ等が人気の習い事だ。

　一方、2021年の日本の習い事人気ランキングによると、スイミング、野球、サッカーが人気で、バレエや空手もトップ10に入り、中国と似ている。

　中国人が子供に幼い頃から運動系の習い事をさせるのは、基礎体力を作り、チームワークの意識を高め、精神力を鍛えるためだ。近年はプログラミング授業も増えている。

　また、上海では漢詩を学ぶ習い事が注目を集めている。

　2021年7月に四平路コミュニティで開かれた子供向けのサマースクールは、同済大学の教授が授業を担当した。子供の視野を広げ、歴史文化への好奇心を養おうと、このコミュニティが同済大学と協力して開催した授業だ。漢詩を筝のメロディに乗せて教えるので、簡単に覚えられると好評を得た。

　中国では、多くの親たちが学習以外の習い事を重視している。直接受験に役立たなくても人生を豊かにし、子どもの才能を伸ばすものと考えている。

ミニ知識：

　子供の教育を重視する中国では、多くの親が習い事の情報集めに奔走する。

　特に10人以内のクラスは人気があるので、早めに予約した方が良い。

中国語練習：

1. 有哪些兴趣班?

   どんな習い事がありますか？

2. 一个班多少人?

   1クラス何人ですか？

4 租房篇

主人公： 本间学
沪　龄： 21 年
场　景： 房产中介

生活在上海的外国人，很多都会遇到租房问题。有人觉得过程很麻烦，有人担心汉语沟通有困难。而对于在上海住了21年的"老上海"本间学来说，感受到的则是安心与便利。

因为工作原因，本间学正考虑搬家，于是他来到了附近的房产中介。

房产中介：想租多大的房子？

本间：50平方米。

房产中介：要带阳台的吗？

本间：要的，因为我喜欢看星星。

房产中介：什么时候看房呢？

本间：当然是晚上啦，因为有星星。

房产中介：你究竟看房子还是看星星呢？

除了通过房产中介租房外，在网上申请公租房，也是不错的选择，公租房是"公共租赁房屋"的简称，是由国家提供政策支持，限定建造标准和租金水平，面向外来人员出租的保障性住房，因为性价比较高，常常供不应求。

比如，位于长宁区上生新所内的公租房，内设房源116套，提供一室和二室两种户型，租金在3000元到5800元之间，每个楼层都设有共享空间，公共书吧、会客室、洗衣房等，设施一应俱全。最让人惊喜的是，公寓入口处还放了台一网通办机。外来人员可以足不出楼，通过一网通办机办理居住证、社保和医疗保险等业务。

公租房项目除了利用市区房源进行改造外，还延伸到了郊区的农户家中，比如：张江镇新丰村就有11幢这样的公寓。由政府从农民手中租入，交由房产商改装开发后，整体打包租给周边企业，供白领朋友拎包入住。同时，公寓还聘请保洁公司每日清扫，并引入了24小时无人超市，开设了餐厅和定点班车，充实相关的配套设施。

在上海，各式房源应有尽有，为各国各地的租客们提供了多元化的选择。根据公租房的租用规则，即使外籍人员也能申请入住，提供护照和外国人工作许可证就能申请办理，特别方便。

小贴士：

1. 日本人常常使用的面积单位是"畳"，而中国人习惯用"平方米"，1畳相当于1.62平方米。对于租房的单身人士来说，一般30畳的房间就够了，折合下来大概为50平方米。
2. "看房三次经"：租住前要分三次看房确认，第一次是白天，观察房间的采光；第二次是晚上，听听周边的噪声；第三次是雨天，确认是否有漏水迹象。

中文练习：

1. 50平方米
   50平方メートル
2. 什么时候看房？
   内見はいつにしましょうか？

賃貸住宅編

出演者： 本間学
上海在住歴： 21年
場　所： 不動産屋

QR コードをスキャンして
映像を見よう

　上海に住む外国人は、基本的に部屋を借りる必要がある。その際、不動産屋と中国語でやり取りしなくてはならず、聞き間違えたらどうしようと不安に思う人も多い。

　本編の主人公、本間学さんは上海歴21年、今回、仕事の関係で引っ越すことになり、近くの不動産屋に行った。

不動産屋： どれくらいの広さをご希望ですか？

本間： 50㎡です。

不動産屋： ベランダ付きが良いですか？

本間： はい、星空を見るのが好きなので。

不動産屋： 内見はいつにしましょう？

本間： もちろん夜ですよ！星は夜に出るので。

不動産屋： ハハハ。あなたがしたいのは内見？それとも星空観察？

　今、不動産屋を介して部屋を借りる以外に、「公租房」とい

う物件のオンライン申請が注目を集めている。「公租房」とは、「公共租賃房屋」の略語で、国の支援で建てられ、建築面積も家賃も抑えられたサラリーマン向けのシェアハウスだ。コストパフォーマンス（以下コスパ）が高いので、とても人気がある。

　例えば、上海長寧区の上生新所（Columbia Circle）にオープンしたシェアハウスは116戸、1DKと2DKの2種類あり、家賃は3000元から5800元まで。各フロアにはミニ図書館やミーティングルーム、ランドリー付きの洗濯室等、多目的のシェアスペースが設けられている。また、1階の入り口には公的申請ができる機械がある。この申請機を使えば、マンションを出なくても居留許可証、社会保障、医療保険等をオンライン申請できる。

　上海のシェアハウスは、都市部だけでなく、郊外の農家をリフォームしたものもある。例えば、張江鎮新豊村にある11棟は、地元政府が農家から借り受け、リフォーム後、周辺の企業に1棟ずつ貸出した。入居者が生活しやすいように、清掃会社、24時間営業のコンビニ、レストラン、シャトルバス等も運営されている。

　シェアハウスは、外国人でもパスポートと就労許可証を提出すれば申し込める。

ミニ知識：

1. 中国の不動産で使われる広さの単位は、「平方メートル」だ。日本の1畳は約1.62平方メートルだ。中国で

1人暮らし用の部屋であれば、50平方メートル（約30畳）が一般的だ。

2. 中国では「内見3回論」という言葉がある。賃貸契約を結ぶ前に、少なくとも3回内見が必要だというものだ。1回目は部屋の日当たりをチェックするために昼間に見学、2回目は夜間に周辺に騒音が無いかどうか確認するために夜間に見学、3回目は雨の日に行って雨漏りが無いかどうかを確認しよう。

中国語練習：

1. 50平方米
   50平方メートル
2. 什么时候看房?
   内見はいつにしましょうか？

5 看病篇

主人公: 中冈知里
沪　龄: 5 年
场　景: 医院

　　无论是出差旅行,还是居住生活,在异国他乡难免会遇到身体不适的情况。在中国,可以直接去医院就诊,也可以打电话预约看病,还能通过手机软件进行预约,非常方便。本篇的主人公中冈知里将分享自己的就医体验。

中冈: 你好,我想看门诊。
前台: 好的,请问哪里不舒服?
中冈: 喉咙有点疼,应该挂什么科呢?

前台：请看内科，到那边挂号。

中冈：下次来复诊，需要准备什么？

前台：带好病历卡就行了。

在疫情防控常态化的背景下，2020年起，上海的互联网医院就医人数明显增加。为进一步方便市民就医，中国自2019年出台了"互联网＋"医疗服务，主要涉及互联网复诊、远程会诊、送药等服务。

比如，徐汇区中心医院目前的线上就诊患者数就增加了三成以上。为此，院方还给患者较多的科室重点配备了医生和药师。针对无法熟练使用智能手机的老年人，医院也增加了电话咨询服务，线上开具的药品还能24小时内配送到家。

截至2021年末，中国已建成1100多家互联网医院，主要针对旧疾或慢性病患者的就诊和复诊，同时提供医生上门就诊的预约服务。对于患者来说，在家就能看医生、开处方是十分方便的事。尤其对于老年人来说，无须去医院现场排队，省时又省力。

小贴士：

1. 受疫情影响，进入医院需出示健康码、行程码以及核酸检测阴性报告并测量体温。
2. 出于疫情防控考虑，不少医院需提前预约就诊，网上预约成功后，就诊当天提前30分钟到达医院即可。
3. 日语单词"一般外来"对应汉语里的"门诊"。如有发热症状，原先直接去内科就诊即可，但出于疫情防控考虑，如今需先去发热门诊接受核酸检测，显示阴性后再转去内科。

中文练习：

1. 我想预约几月几日的门诊。

   何月何日の診察を予約したいです。

2. 挂什么科？

   どの科にかかれば良いですか？

出演者： 中岡知里
上海在住歴： 5年
場　所： 病院

QRコードをスキャンして
映像を見よう

　旅行でも日常生活でも体調を崩した時に頼りになるのが病院
だ。中国では、診察予約を電話の他にも携帯アプリやミニプログ
ラムから予約できる病院があり、とても便利だ。本編の主人公、
中岡知里さんは、病院に行った時の経験をシェアしてくれた。

中岡： 外来診察を予約したいのですが。
受付： はい、どうしましたか？
中岡： 喉が少し痛いです。どの科にかかれば良いですか？
受付： 内科を予約して下さい。用紙記入後、あちらで受付
　　　 けます。
中岡： 再診の場合、何を準備したら良いですか？
受付： 診察券を持ってくればいいですよ。

　病院診療の利便性を向上するため、中国では2019年から「イ
ンターネット＋医療サービス」をスタートし、オンラインでの
再診、遠隔診療、薬の宅配等が始まった。特に、新型コロナの

感染拡大後はオンライン診療を受ける人が増加している。

　例えば、徐匯区中心病院では、オンライン再診を受けた患者数は全体の3割を占める。そのため、この病院では患者の多い科に、医者や薬剤師を重点配置した。また、スマートフォンの操作が苦手な高齢者向けには、電話ガイドサービスを設けた。診療後は、診療費の支払後、24時間以内に薬が宅配される。

　2021年末までに，中国は1100ヶ所余りの病院でオンライン診療を導入し、主に慢性疾患を抱える患者の診療や訪問診療予約を実施している。患者にとっては、診療や薬の処方がオンラインで受けられるようになり便利になった。特に高齢者の間からは「病院で長い時間並ぶ必要が無くなって良かった」という声が挙がっている。

ミニ知識：

1. 現在、新型コロナの感染予防のため、病院の入口で「健康コード」と「通行コード」の提示と体温チェックが必要。また、数日間に危険地域に行ったかどうか等も確認される。
2. 新型コロナ防疫対策のため、診療は基本的に予約が必要で、予約時間の30分前には病院に到着しよう。
3. 「一般外来」は中国語で「門診」と言う。発熱した場合、以前は内科に直接かかれたが、今は防疫対策のため、まず発熱外来でPCR検査を受けた後、陰性であれば内科にかかることができる。

中国語練習:

1. 我想预约几月几日的门诊。
   何月何日の診察を予約したいです。
2. 挂什么科?
   どの科にかかれば良いですか?

6 快递篇

主人公：野村义树

沪　龄：9 年

场　景：家中

　　对于外国朋友来说，上海是个宜居城市，不仅气候宜人、交通便捷、食物美味可口，最关键的是物流体系发达。无论是收件还是寄件，包裹或文件都能快速高效地送达。不管是给客户送资料，还是拜托家人把忘在家里的电脑充电器寄到公司，无论同城异城，快递服务都能随叫随到。本篇的主人公野村义树正在和快递小哥对话。

野村：你好，我要把这个组装模型寄到三亚。

快递小哥：这是易碎品吗？

野村：是的，几天能送到呢？

快递小哥：至少要3天。

野村：什么？明天就是我一个女性朋友的生日了！

快递小哥：什么？你居然送女朋友组装模型！

野村：不是女朋友，是女性朋友。

"快递小哥"或许是汉语中特有的昵称，"小哥"指的是年轻男性。因为快递是需要搬运重物的体力活，所以快递员以男性居多。不过，最近诞生的一种神奇装备，则让很多女性也得以轻松胜任快递工作。菜鸟驿站引入了一套背负式外骨骼机甲，让快递员变身"钢铁侠"，背上钢铁脊柱，下肢加上电动支架，通过机器模拟骨骼进行辅助，最大负重量可达75千克。

背负式设备以及新推出的腰部助力装置大幅提高了物流运输中的搬运效率。目前外骨骼机甲已在上海、北京等地投放测试，未来将会在全国范围内推广。

科技的高速发展早已渗透至快递行业的各个领域，除了负重机甲，还有送餐无人机、送咖啡的无人驾驶车。可以说，只有你想不到，没有快递做不到。

小贴士：

　　因为不同物流公司的网点设置不同，运输时间会有差别。一般来说，从上海寄件到黑龙江，顺丰需要3天，圆通需要4天，而中通需要5天。如果需要寄加急件，而收件

方与你身在同一城市，不妨试试"同城急送"服务。输入寄件收件双方的信息和联系方式，系统会通知离你最近的快递员揽收，匹配成功后，还会生成一串密码发给收件人，通过核验密码，就不用担心物品送错地方了。

中文练习：

1. 这是易碎品。
   これは割れ物です。
2. 几天能寄到?
   何日間で届きますか？

出演者：野村義樹
上海在住歴：9年
場　所：家

QRコードをスキャンして
映像を見よう

　中国は物流が速く、受け取りも発送もユーザーのニーズに細かく対応している。すぐに届けなければいけない書類を送ったり、家に忘れて来てしまったパソコンの充電器を会社に届けてもらったりと、実に身近な存在だ。本編の主人公、野村義樹さんは宅急便を使った時の経験をシェアしてくれた。

野村：こんにちは。この模型を海南島の三亜市に送りたいです。

配達員：これは割れ物ですか？

野村：そうです。何日かかりますか？

配達員：少なくとも3日間かかります。

野村：え？明日は女性の友達の誕生日なのです。

配達員：え？彼女に模型を送るのですか？！

野村：ガールフレンドじゃなくて、女性の友達ですよ！

「快递小哥」は、中国語で配達員のことを指す言葉だ。「小

哥」は若い男性のことである。宅配便の荷物は重いことが多いため、以前は男性の配達員が多かったが、最近は魔法のような装備が登場し、女性の配達員も少しずつ増えている。「菜鳥驛站」は、あるバックパック型外骨格ロボットスーツを導入した。配達員はアイアンマンに変身するように、背中にはスチール・スパイン、足には電動サポーターを装着する。この器械を装着すると、持ち上げられる重量は最大75kgになる。バックパック型に加え、ウエスト補助装置も導入され、荷物運搬の効率が大幅に改善された。

　外骨格ロボットスーツは、上海や北京等で、すでに利用されている。将来的には全国に普及させる計画だ。

　この他、ドローンでのファーストフード配達、無人運転自動車によるコーヒー配達等、テクノロジーの急速な発展は物流システムのあらゆる分野に浸透している。宅配便で届けられないものは、すでに無いないのかもしれない。

ミニ知識：

　各物流会社は、支店の場所がそれぞれ異なるため、輸送時間も異なる。通常、上海から黒龍江省に送る場合、順豊だと3日間、圓通なら4日間、中通だと5日間必要だ。一方、荷物の送り主と送り先が同一都市の場合、「同城急送（同一都市内宅配便）」サービスが便利だ。各物流会社のアプリで、送り主と送り先の両方の連絡先を入力すると、システムが最寄りの配達員に集荷を依頼する。そして、受け取り主は事前に受信した

荷物受け取り用暗証番号を配達員に提示すると荷物を受け取ることができる。

中国語練習:

1. 这是易碎品。
   これは割れ物です。
2. 几天能寄到?
   何日間で届きますか?

7 理发篇

主人公：原恭平
沪　龄：3 年
场　景：露天发廊

　　头发长得比较快的人，大约两三周就要去一次理发店。但刚来上海的外国人，如果还无法流利使用中文，无论是电话预约还是现场沟通，应该都会有点为难吧。本篇的主人公原恭平就是个会"快速生发"的年轻人。

　　这天，原恭平鼓起勇气，体验了一把"露天发廊"。

原：我想找技术好些的 Tony 老师剪。

理发师：这里 Tony 老师就我一个。

原：好吧。帮我打薄点，不要太短。

理发师：要不要刮脸？

原：不用了，马路上有些不好意思。

理发师：剪头加刮脸的套餐可以打 8 折哦。

原：我突然觉得不那么害羞了。

最终，原恭平选了剪头刮脸的优惠套餐，只用了 10 分钟就全部搞定，他觉得效果不错，性价比也很高。

上海的多数理发店都开在商场，或是沿街的门面房里，但街心花园或是小区附近的马路边也会有"露天发廊"：电线杆上挂着镜子，脚下摆着理发工具，顾客基本不会提需求，全由理发师"自由发挥"。只要不下雨，冬天也会营业，价格只有 15 元左右，非常亲民，很受 50 岁以上的男士欢迎。据说 150 年前，中国流行的理发形式就是原恭平体验的这种"露天发廊"。为了让年轻人们也能了解这段历史，上海理发师张云飞还办了个"魔都美发博物馆"。

魔都美发博物馆开在华润时代广场内，展出共计 8000 多件不同时期的美发用品，包括剃刀、吹风机、烫发火钳等，展现了中国美发行业的历史变迁。镇馆之宝是一套现存最早的理发工具：剃头挑子，一根扁担一张凳，一个炉子一个盆。150 年前，这就是中国的剃头师傅们走街串巷、以理发手艺养家的工具。当年，包括剃头椅在内的所有工具都由剃头师傅亲手制作。手艺好的师傅会在椅身上雕花刻字，会打造弧形靠头，有的还会在剪刀上画上鸟兽等复杂图案，向顾客展示自己高超的技艺。

从走街串巷的剃头师傅，到"露天发廊"，再到街角鳞次栉

比的美发沙龙，百余年间，中国的美发行业不断发展。来到上海，一定要去本土的理发店体验一下！

小贴士：

1. 在汉语里，"老师"一词是对人的尊称。除了学校教师外，对任何人表示尊敬，都能尊称对方为"老师"。
2. 为了方便顾客记忆，不少中国理发师都会给自己取个简单好记的英文名。因为自称Tony的理发师数量众多，几乎每个理发店都有，久而久之，"Tony老师"就成了中国理发师的代名词。

中文练习：

1. 我想找Tony老师剪。
   Tony 先生をお願いします。
2. 帮我打薄点。
   梳いてください。

ヘアーカット編

主人公：原恭平
上海在住歴：3年
場　所：青空ヘアカット

QRコードをスキャンして
映像を見よう

　身だしなみを整えるために、理髪は欠かせない。しかし、自分の好みの髪型を中国語で的確に伝えるのは、なかなか難しい。特に上海に来たばかりの外国人はなおさらだ。

　この日、本編の主人公、原恭平さんは、ついに勇気を出して「青空ヘアカット」を体験した。

　原：腕の良いTony先生（美容師）をお願いします。

床屋：僕しかいませんが。

　原：わかりました。髪を梳いてください。切り過ぎないでね。

床屋：顔剃りはどうですか？

　原：街頭では恥ずかしいので結構です。

床屋：ヘアカットと顔剃りのコースなら2割引きですよ。

　原：急にそれほど恥ずかしくなくなりました！

　上海のヘアサロンは、ほとんどショッピングモールの中等、

屋内にあるが、路上で理髪する「青空ヘアカット」も点在している。電柱に鏡を掛け、足元に道具を置き、髪型は「TONY老師」にお任せだ。雨が降らなければ冬でも開店し、値段は約15元と安いので、50代以上の男性に大人気だそうだ。「青空ヘアカット」は実は中国初の床屋で、150年前の形をそのまま残している。最近では、その歴史を若者に伝えようと、美容師の張雲飛さんは「魔都美髪博物館」をオープンした。

　張さんの「魔都理髪博物館」は華潤時代広場にある。カミソリやドライヤー、パーマ器具等、各時代の理髪道具を8000点以上が展示され、中国美容業界の発展史を見ることができる。中でも現存する世界最古の理髪道具は、天秤棒、椅子、ミニストーブ、洗面器からなる理髪道具で、150年前の床屋さんは、それを持って街中を歩き回っていた。また、理髪道具のほか、清末明初に使われたシェービングチェアも珍しい。当時、全ての道具は理髪師が自分で作るのが伝統で、椅子に綺麗な花模様を彫ったり、木製の枕を発明したり、ハサミの柄に小鳥等、複雑な絵柄を描いたりして、自分の手先の器用さをアピールした。

　街を歩く床屋さんから青空ヘアカット、そして街角で軒を並べるヘアサロンへ。百年間、中国の理容業界は進化し続けてきた。

ミニ知識：

1. 中国語の「老師」は尊敬語で、学校の教師のほか、相手に助けを求める時にも使う。
2. お客さんが覚えやすいように、英語名をつける中国人

美容師が多い。面白いことに、Tony と名乗る美容師が
多いことから、中国では「Tony 老师」は、すでに個人
名ではなく、美容師の代名詞になっている。

中国語練習：

1. 我想找Tony老师剪。
   Tony 先生をお願いします。
2. 帮我打薄点。
   梳いてください。

8 订餐篇

主人公：照田理惠
沪　龄：10 年
场　景：饭店

在中国生活的最大乐趣之一，就是能饱尝各种中国菜。尤其是在路边接地气的小饭店用餐时，既能感受当地的风土人情，又能品尝到特色美食。本篇的主人公是热爱美食的照田理惠。

一天，照田来到某饭店用餐。

照田：你好，点菜。请问有什么推荐的菜？

服务员：红烧肉是我们这里的招牌菜。

照田：好的，给我一份。再给我一份麻婆豆腐。就这些。

服务员：好的，请稍等。

（吃好后）

照田：服务员，买单！

服务员：我扫您的支付码。

照田：这些打包，谢谢。

服务员：给您打包盒，再收您1元。

照田：谢谢。

第一次去某家饭店，不知道点什么菜时，不妨让服务员为你推荐招牌菜。当然，你还可以使用大众点评或美团等手机软件，快速了解店铺的人均消费价格、菜单等信息。不少店家还会在线上平台推出优惠券，或是在线预约服务。对于在中国生活的人来说，大众点评和美团可谓必备软件。在部分支持线上点餐的餐厅，不用叫服务员，能自助下单，非常方便。

在中国，整鸡整鱼的"硬菜"有着团圆的美好寓意，但是用餐时，大家难免会用各自的筷子夹取同一盘菜。随着疫情防控进入常态化，"分餐制"成为一种新的饮食风尚。2020年开始，中国各地餐馆陆续推行分餐制和公筷公勺。不少市民在家也积极响应，将分餐制和公筷公勺逐渐融入日常生活中。

此外，在中国点外卖也十分方便。如果是在炎热的天气点了色拉，店家还会贴心地提供冰袋以确保色拉的新鲜度和口感，既方便又美味。希望大家在品尝美食之余，还能通过美食更深入地了解中国文化。

小贴士：

1. 在中国，不少店家的桌角都会张贴二维码，手机扫码后，就能在线点单和结账。或者也可以招手示意服务员前来买单，一般服务员会优先询问电子支付方式，如果无法电子支付，也可以用现金结账。
2. 中国菜分量较大，如果吃不完，千万不要浪费，让服务员为你打包吧。

中文练习：

1. 请问有什么推荐的菜?
   お薦め料理は何ですか?
2. 服务员，买单! 这些打包。店員さん、
   店員さん、会計と持ち帰りをお願いします。

料理注文編

主人公：照田理恵
上海在住歴：10年
場　所：レストラン

QR コードをスキャンして
映像を見よう

　中国で生活する楽しみの一つは、現地でしか味わえない中国料理。中国人がよく行く大衆食堂で地元料理を味わったり、接客も雰囲気も高級なレストランで美味しい食事を楽しんだりしても良い。本編の主人公、照田理恵さんは中国料理が大好きだ。

　その日、照田さんはあるレストランに入った。
照田：すみません、注文したいのですが、お薦め料理は何ですか？
店員：豚の角煮がお薦めです。
照田：分かりました。マーボー豆腐もお願いします。
店員：はい。少々お待ちください。
（食事後）
照田：すみません、お会計をお願いします！
店員：あなたの支払いQRコードをスキャンさせてください。
照田：持ち帰り用の容器を下さい。
店員：容器は1元です。

照田：はい、ありがとうございます。

　初めて行く店で何を注文していいか分からない時は、店員さんにお薦め料理を聞いてみよう。または、店に行く前に「大衆点評」や「美団」等の携帯アプリで、行きたいレストランを探し、お薦め料理を事前にチェックしよう。これらのアプリでは、店の外観、料理の写真や口コミ、ユーザー評価が☆印で表示され、「分かりやすさ」が魅力だ。また、1人当たりの平均価格も掲載されているので、予算やシチュエーションに合わせてレストランを探すことができる。

　中国料理では、「団欒」を意味するために鶏や魚を丸ごと調理するが、今は新型コロナウィルス予防対策のために、「取り分ける」ことが推奨されている。上海のレストランでは、1人ずつに取り箸とスプーンが置かれるのが一般的だ。「取り分け制」は新しいテーブルマナーとして、多くの人々に受け入れられ始めている。

　また、中国では出前サービスも発達しているので、外出したくない時は、ぜひ試してみよう。サラダを注文したら、夏は保冷剤の入ったクーラーバッグで届くので、お店でサラダを食べるのと同じくらい美味しい。中国料理、デリバリーを使って、今の中国を味わおう。

ミニ知識：

1. テーブルの隅のQRコードをスキャンして注文やスマホ決済ができる。店員さんを呼んで会計を頼んでも良い。

「微信？支付宝？」と当たり前のようにスマホ決済を勧められることが多いが、もしスマホ決済ができなかったら、現金で支払っても大丈夫だ。

2. 中国料理は量が多いので、無理せず「打包」（持ち帰り）を活用してみよう。

中国語練習：

1. 请问有什么推荐的菜?
   お薦め料理は何ですか？
2. 服务员，买单! 这些打包。店员さん、
   店員さん、会計と持ち帰りをお願いします。

9 求职篇

主人公：大德茧花
沪　龄：1年
场　景：应聘公司

上海的经济高速发展，各行各业都对人才有着巨大需求。海外人才引进政策的逐步规范和陆续出台，吸引越来越多的外籍人士来上海工作、生活。本篇的主人公大德茧花分享了她在上海的求职经历。

大德茧花正在参加一场就职面试。

大德：请问，公司有哪些福利？

面试官：年假、体检、车贴。

大德：我骑共享单车上班，也有车贴吗？

面试官：一视同仁，每月500元。

大德：太棒了！

面试官：我步行上班，岂不更赚？

如今，越来越多的上海白领开始选择步行或骑车上班，既环保又健身，一举两得。不过，疫情防控常态化之下，也有不少企业引入居家办公模式足不出户就能上班。面试也从面对面的线下模式转为视频、电话等线上模式。原本在体育馆、展览馆内举办的大型招聘会则移到了学校操场、游乐场等室外通风区域。

2021年夏季的某个夜晚，上海老牌游乐场锦江乐园的摩天轮前，就举办了专场招聘会。200多家企业一字排开，提供财贸、物流、餐饮等不同行业的3200多个岗位，求职者表示，可以感受到政府对疫情期间就业形势的重点关注。同时，针对年轻人多元化的就业需求，现场还特别开设了"灵活用工区"，发布工作期限在1个月至3年的非全日制工种。比如：研究员、口笔译、财务审计等，吸引求职对象灵活就业。数据统计显示，2020年疫情开始，推出灵活就业岗位的企业数量和参与灵活就业的人员数量，都连年增长，上海、北京、广州三大城市的接受度最高。

未来，灵活就业有望出现在各个行业，这不仅缓解了企业短期的人力需求，控制了用工成本，也为外卖骑手、自媒体、家政保洁等行业的雇用模式提供了更多的政策支持。总之，只要足够努力，一定能在上海找到心仪的工作。一起加油吧！

小贴士：

在异国他乡求职时，要记得确认"有哪些福利"。因为企业所在地不同，法律法规和文化习俗有所差异，公司福利也会有所不同。比如：同样是在沪日企，有的根据日本节日放假，有的按照中国节日放假；有的沿袭日本传统，冬夏两季各发一次奖金，有的则入乡随俗，选择中国春节前后支付年终奖。同时，产假和病假的天数也有所不同。

不过，不论是和中国境内的哪家公司签约，企业都会为正式员工缴纳"五险一金"，包括养老保险、医疗保险、失业保险、工伤保险、生育保险以及住房公积金。这是国家的强制规定，是为所有劳动者提供的制度保障。

中文练习：

1. 什么时候面试?

   面接はいつですか？

2. 有哪些福利?

   どんな福利厚生がありますか？

求職編

主人公：大徳繭花
上海在住歴：1年
場　所：面接する会社

QRコードをスキャンして
映像を見よう

　中国の中でも上海は経済が急速に発展し、様々な業界で多くの求人がある。また、海外の人材を受け入れる政策もあるため、多くの外国人が上海で働いている。
　本編の主人公、大徳繭花さんは、上海での求職体験を紹介。

　大徳繭花さんは、就職面接を受けている。
大徳：どんな福利厚生がありますか？
面接官：有給休暇、健康診断と通勤手当があります。
大徳：シェア自転車で出勤しても通勤手当をもらえますか？
面接官：はい、同じです。1カ月500元です。
大徳：素晴らしいです。
面接官：フフ、私は徒歩通勤ですよ。

　徒歩や自転車で通勤する上海のホワイトカラーは増えている。健康志向が高まり、フィットネスも兼ねているのだ。一方、新型コロナの感染予防対策で、在宅勤務を積極的に行う会社も少なく

ない。また、入社面接に電話や動画チャットを利用する会社が増えている。就職説明会も、室内から学校の運動場や遊園地といった屋外の風通しの良い場所で行われるようになっている。

例えば、ある就職説明会は遊園地の錦江楽園で夜8時に行われた。200社あまりの企業が並び、貿易、物流、レストラン等、様々な業種で、約3200人を募集している。参加者は、「コロナ禍だが、上海市政府は多くの政策を打ち出して私達の就職を支援している」と感想を述べた。

また、この就職説明会では「就職の多様化」という若者のニーズに応えようと、「フレキシブル雇用」というブースが新たに作られた。研究員、通訳、翻訳、財務審査といった職種は、主に契約期間が1ヶ月から3年までの臨時雇用で、出勤時間も融通がきく。データによると、2020年の新型コロナ流行後、フレキシブル雇用を利用した会社や人は、以前よりも各50%ずつ増え、中でも上海、北京、広州の3都市で多くなっている。

今後、フレキシブル雇用の形態は社会に浸透していくと見られ、企業側の短期的な人材需要を満たすだけでなく、雇用コストを抑えることもできる。その一方で、社会保険に加入できる業種の幅が広がり、配達員やセルフメディア、家政婦等の仕事をしたい人にとっても安心だ。一生懸命に努力すれば、上海で好きな仕事を見つけられるはずだ。

ミニ知識：

どの国の会社か、またどの国にあるのか、そして社風によっても企業慣習や規定等は異なる。それらは福利厚

生に現れる。例えば、同じ上海にある日系企業でも、日本の祝日に合わせて休むのか、中国の祝日に休むのかが異なるし、ボーナスについても日本のように夏と冬に支給されるのか、中国の慣例に従って年に一度、春節前に支給されるのかが異なる。また、産休や傷病休暇の日数も、それぞれ異なっている。

　一方、変わらないのは、中国にある会社なら社会保険に加入できる点である。会社に対する社会保障の納付義務は、全ての労働者にあるべき保障を提供するため、中国の法律で定められている。社会保険には、年金、医療、失業、労災、出産、そして住宅積立金が含まれている。

中国語練習:

1. 什么时候面试?
   面接はいつですか？
2. 有哪些福利?
   どんな福利厚生がありますか？

10 宠物篇

主人公：三木珠瑛

沪　龄：4 年

场　景：公园

对快节奏的都市人而言，萌宠往往能够成为一种特别的"精神陪伴"。但饲养小动物并不简单，吃、住、行、玩、医，样样都要考虑。本篇的主人公三木珠瑛就养着两只小猫、一只兔子和一只鸭子。

一天，她带着宠物去公园时，遇见了这样一段有趣的对话。

宠物主人：可以带宠物进吗？

公园门卫：可以的，记得系好牵引绳。

宠物主人：能进池塘吗？

公园门卫：什么？你家狗狗要去游泳？

宠物主人：我养的是小鸭子哦。

公园门卫：哈？真是太少见了。

　　不少允许宠物进入的公共场所对宠物身型有着比较严格的要求，一般仅限中小型宠物，中小型对应的是体高60厘米以下，体重不足30公斤的宠物。不过，徐汇区新开的一家宠物餐厅欢迎所有宠物的到来。这家宠物餐厅提供鸡肉、虾肉、鱼肉等20类主食，以及蛋糕、甜甜圈等10类甜品。食物单价从10元至200元不等，部分菜品还能定制。比如：用酸奶绘制宠物的名字或选用宠物喜爱的食材，制作一款"小锅菜"，充满了仪式感。随着饲养宠物的家庭越来越多，这类店铺的出现也适应了社会发展的需求。

　　不过，随着养宠家庭持续增加，如何遛狗、到哪里休闲都成了问题。为此，徐汇滨江绿地特别开设了一处萌宠乐园，配备专门的粪便清洁袋，供遛狗市民免费使用。乐园还划定了宠物游乐专区，避免猫狗到处乱窜，影响附近的市民游客。宠物餐厅和萌宠乐园的出现，让上海逐渐成为对宠物而言也很宜居的城市。

　　目前，中国尚无宠物饲养方面的专项法律法规，但《民法典》明确了饲养动物不得妨碍他人生活。所以，无论猫猫狗狗，还是鸡鸭鱼兔，既然选择成为它的主人，就要负起监管的责任。伤到他人要赔偿，生病时要去治疗，空闲时要陪它玩。对你而言，宠物或许只是人生的一部分，但对宠物而言，你却是它的全部，一定要善待自己的宠物哦。

小贴士：

　　商场、餐馆、电影院、展厅等绝大多数公共场所，由于担心宠物伤人或随地如厕，会悬挂"宠物禁止入内"的提示标志。碰上未挂标志的公共场所，也建议先咨询工作人员，确认能否携宠物入内。

中文练习：

1. 宠物可以进吗?
   ペットは入れますか？
2. 请系好牵引绳。
   リードを着けて下さい。

ペット編

主人公：三木珠瑛
上海在住歴：4年
場　所：公園

QRコードをスキャンして
映像を見よう

　日々、忙しい都会人にとって、ペットは心の癒しになるが、その飼育は簡単ではない。医、食、住、遊び等、気をつけることは色々ある。本編の主人公、三木珠瑛さんは、可愛い猫を2匹とうさぎを1羽と鴨を1羽飼っている。

　ある日、三木珠瑛さんは公園で次のような会話を聞いた。
飼い主：ペットは入れますか？
公園係員：入れます。リードを着けて下さい。
飼い主：池に入れますか？
公園係員：え？あなたは犬を泳がせたいのですか？
飼い主：犬じゃなくて鴨ですよ。
公園係員：え？鴨がペットなんて珍しい！

　最近はペット同伴で入店できる店も増えている。動物の大きさは「中型か小型」のみという場合が多い。具体的には、体長60 cm以下、体重30 kg以内のペットだけという意味である。し

かし、徐匯区に新しくオープンした「ペット食堂」なら、どんなペットでも大歓迎だそうだ。「ペット食堂」では、鶏肉、エビ、魚肉等で作った主食を20種類、ケーキやドーナツ等のデザートを10種類提供している。価格は10元から200元まで。オーダーメイドの特別料理もあり、ヨーグルトでペットの名前を書いたり、ペットが大好きな食材を盛り付けたりして、ペットと飼い主にとって嬉しいメニューが揃っている。

　また、ペットを飼う人が増え、ペットと散歩したり、遊んだりする場所が必要だ。そこで、徐匯区の浜江緑地には「ペット楽園」という公園がオープンした。園内ではペット専用の汚物処理袋を無料で使える。ペットが遊べるエリアは決められていて、ジョギングや景色を楽しむ人たちの邪魔をしないように配慮されている。「ペット食堂」と「ペット楽園」が出来たことで、上海はペットも住みやすい街になった。

　中国は、家で飼えるペットの種類に制限はないが、「民法」に「ペットの飼育は他人に潜在的なリスクを与えないこと」と書かれている。つまりペットを飼うと決めた以上、他人に迷惑をかけないように、きちんと責任を持ちましょうということだ。あなたにとってペットは人生の一部にしか過ぎないが、ペットにとっては、あなたが人生のすべてだ。自分のペットを大切にしよう。

ミニ知識：

　デパートやレストラン、映画館等、人が多く集まる場所はペット禁止の所が多い。ペット禁止の標識が貼っていなくても、念のために店員さんに尋ねてみよう。

中国語練習:

1. 宠物可以进吗?

   ペットは入れますか?

2. 请系好牵引绳。

   リードを着けて下さい。

11 配镜篇

主人公：山本博史
沪　龄：10 年
场　景：眼镜店

眼睛是心灵的窗口，通过眼睛，我们才能看到绚丽多彩的世界。近年来，随着互联网和科技的不断发展，无论是生活中还是工作中，我们使用电子产品的时间都在不断增加。由于长时间过度用眼，佩戴眼镜的人也随之增多，本篇的主人公山本博史就是其中的一员。

这天，山本来到了眼镜店。

山本：我的度数是600度，想配一副眼镜。

店员：推荐您这款，1.67毫米的镜片，比较薄。

山本：好的。

（戴上后）

山本：怎么看到的东西都变黄了？

店员：因为是防蓝光镜片。

山本：真不错！有再小一点的镜框吗？我是小脸型。

店员：好的，请稍等。

眼睛是人类感知世界最重要的器官，外界80%以上的信息都通过眼睛获得。近年来，中小学生近视发病率居高不下，保持良好的用眼习惯也变得愈发重要。为了方便市民检查视力、普及用眼健康知识，上海的很多医院都在社区内提供用眼健康服务。比如，傅雷图书馆与周浦医院合作，将电子视力表、眼压检测仪器等十多台机器搬入了图书馆大厅，提供免费的视力检查服务。同时，图书馆还定期邀请国内眼科专家，为大家科普健康用眼的知识。为了进一步预防近视，周浦医院还与傅雷图书馆携手打造了全国首个图书馆里的用眼健康教育基地，实现用眼健康服务的生活化、场景化。

据悉，未来周浦医院还将进一步深入社区、办公楼等场所，提供有针对性的用眼健康服务，让更多人能根据生活及工作的场景，养成良好的用眼习惯。

小贴士：

1. 中国的近视度数单位与日本不同，日本在表示近视度数时使用屈光度单位D，近视用负数表示。中日表达

间需要换算，例如：日本人说近视度数为–5D，只要把这一度数乘以100就能变成中国所说的近视度数500度了。

2. 目前眼镜镜片使用较多的是树脂镜片，对于长期使用电脑、手机的人来说，防蓝光镜片可以减少蓝光对眼睛的伤害。

3. 关于健康用眼，建议学生连续读书写字的时间不要超过30分钟，成人不要超过40分钟，避免斜头歪脑地看东西。

中文练习：

1. 我的度数是600度。
   私の度数は600度です。

2. 有防蓝光镜片吗？
   ブルーライトカットレンズはありますか？

眼鏡編

主人公： 山本博史
上海在住歴： 10年
場　所： メガネチェーン店

QRコードをスキャンして
映像を見よう

　私たちは日々、目を通して美しい景色を楽しみ、目を通して
大切な情報を常に取り入れている。最近では、生活でも仕事で
も様々な電子製品に囲まれ、目を酷使する時間が長くなり、眼
鏡をかける人が増えている。本編の主人公、山本博史さんも眼
鏡をかけている。

　その日、山本博史さんはメガネチェーン店へ行った。

山本： こんにちは。メガネを作りたいのですが。

店員： 度数は分かりますか。

山本： 私の度数は600度です。

店員： このレンズは薄くてお薦めですよ。

山本： はい。（かけた後）あれ？世の中が少し黄色く見えま
　　　　すが？

店員： ブルーライトカットのレンズなんです。

山本： 良いですね！では、私の顔に似合うフレームも紹介
　　　　してください。

店員：はい、一緒に探しましょう。

　目は、人類が情報を得るうえで最も重要な器官だ。外部情報の80%以上は、目を通して得られると言われている。近年、近視の小中学生が以前よりも増え、目を守る習慣作りが大切になっている。

　上海では、目の健康に関する知識普及の活動が増えた。例えば、全国初の目の健康教育を行う図書館、傅雷図書館は周浦病院と協力して、電子視力計、眼圧測定器等、十数台の機械を図書館のロビーに設置し、視力検査を無料で行っている。また、この図書館では定期的に眼科医による講座を開いている。

　周浦病院は、この他にもコミュニティやオフィスビル等で目の健康を守る活動を広げている。こうした活動は、近視の人を減らすだけでなく、目の病気を予防することにもつながる。

ミニ知識：

1. 日本では、近視度数は屈折度の単位「D（ディオプター）」を用いて、−0.5Dのように言う。この「D」に100をかけたものが中国の度数（−0.5D＝50度）になる。
2. パソコンや携帯を長時間使う人にとって、ブルーライトカットレンズはブルーライトから目を守ってくれる優れ物である。
3. 読書や字を書く時間は、学生は30分以内、大人なら40分以内が推奨されている。

中国語練習:

1. 我的度数是600度。
   私の度数は600度です。
2. 有防蓝光镜片吗?
   ブルーライトカットレンズはありますか?

12 手机篇

主人公： 松尾太阳
沪　龄： 2 年半
场　景： 手机店

　　手机已经成为日常生活中不可或缺的一部分，尤其是在中国，只带一部手机便能"走遍天下"。比如，出行使用电子乘车卡或打车软件，购物消费使用电子支付，在外吃饭可以扫码点餐等，数字化生活已经成为常态。除了打电话、发短信等基本功能，智能手机的其他功能也都需要通过上网来实现。上海目前已经实现5G网络普遍覆盖。这天，本篇的主人公松尾太阳特地去手机店，挑选一部5G手机。

松尾：有5G手机吗？

店员：有的，这是最新款。

松尾：可以快充吗？

店员：当然，这可是最新款。

松尾：能试试吗？

店员：给，可以体验一下它的质感。

松尾：不，我想试试快充。

店员：可它已经充满电了。

5G手机可以使用4G和5G网络，用户可根据需求，自由切换这两种网络模式。值得一提的是，中国的5G技术居世界前列，中国的5G手机也以极高的性价比，在全球市场占据了一席之地。

数字化时代的加速发展，让人们通过一台小小的智能手机，就能获得便捷又高效的服务。但是，对于老年人来说，应用智能手机成了一大难题。为了帮助老年人跨越"数字鸿沟"，上海各地都开展了智能手机培训和帮办服务。

比如，老龄化程度居全市首位的虹口区，为了帮助老年人融入数字生活，于2021年5月起定期开展老年人智能技术培训课程。课程主要教授老年人如何通过手机，学会就医挂号、线上打车和扫码支付等生活所需的功能。同时，虹口区民政局还借助小程序、社区老年活动室等多个线上线下渠道，为社区老人提供一对一的手机培训服务，以让更多的老年人享受智能化的服务。希望大家也能多多帮助身边的老人，让他们学会智能手机的一些基本操作。

小贴士：

　　如果有"电量焦虑症"，希望手机能超长待机，不妨问问店员"可以快充吗"。"快充"一般只需一小时，甚至半小时就能让手机充满。目前，中国的许多智能手机都支持快充。

中文练习：

1. 有5G手机吗?
　　5Gスマホはありますか。
2. 可以快充吗?
　　クイックチャージは出来ますか。

スマートフォン購入編

主人公：松尾太陽
上海在住歴：2年半
場　所：スマートフォン販売店

QRコードをスキャンして
映像を見よう

　電子情報化の時代、スマートフォン（以下、スマホ）は私たちの生活にとって欠かせない。特に中国では、スマホさえ持てば、あらゆることができる。例えば、タクシーを呼んだり、買い物をしたり、レストランで料理を注文できたりもする。スマホ利用が進む中、上海市内の主要地域は5Gネットワークでカバーされている。この日、本編の主人公、松尾太陽さんは、スマホ販売店へ5Gスマホを買いに行った。

顧客：5Gスマホはありますか？
店員：はい、これが最新機種です。
顧客：クイックチャージはできますか？
店員：もちろんです。最新機種ですから。
顧客：試してみてもいいですか？
店員：どうぞ。スムーズな操作を体験してください。
顧客：いいえ、クイックチャージを試したいのです。
店員：残念！それはもう100%充電済みですよ。

5Gスマホは、4Gネットワークと5Gネットワークのどちらも使え、ニーズに応じて接続を変えられる。特に中国の5G技術は今、世界のトップクラスで、中国の5Gスマホは、その高いコストパフォーマンスから世界市場の約半分を占めている。

　デジタル時代が急速に発展する中、人々はスマホを通して便利なサービスを利用できる。しかし、高齢者にとってスマホを使うことは、若者ほど簡単ではない。高齢者を支援しようと、上海の各地ではスマホの使い方を教える教室やサービスが行われている。

　例えば、上海で高齢化率が最も高い虹口区では、こんな活動を行われている。虹口区のコミュニティ総合センターは、2021年5月から定期的に高齢者向けのスマホ教室を開き、スマホを使った病院の予約、タクシー配車アプリの使い方、スマホ決済等、日常生活でよく使う機能を教えている。

　また、虹口区の民政局もミニプログラム、高齢者活動室等、オンラインやオフラインで高齢者にスマホの使い方を教えている。こうしたスマホ教室やサービスを通して、虹口区では多くの高齢者がスマホで色々なサービスを利用できるようになった。皆さんも周りにスマホの操作で戸惑っている高齢者がいたら手伝ってあげよう。

ミニ知識:

　クイックチャージは、30分〜1時間でフル充電することができる。今、中国の多くのスマホはクイックチャージだ。

中国語練習：

1. 有5G手机吗?
   5Gスマホはありますか?
2. 可以快充吗?
   クイックチャージは出来ますか?

13 物业篇

主人公：桥本幸宪

沪　龄：2 年

场　景：家里

　　当发现家中的物件损坏，对生活产生不便时，可以致电小区的物业，将物件的损坏程度和具体情况告知物业公司。物业会开出工程维修单，并登记维修内容以及维修单号。之后，便会安排时间上门维修。

　　如果半夜需要紧急维修，除了向物业公司报修外，还可以拨打962121物业服务热线。该热线24小时服务，无论何时都能及时响应。面对紧急情况，热线会在8分钟内接单，在15～30分钟内到达现场开展维修，以保障业主的日常生活和人身安全。

某日，本篇主人公桥本幸宪就拨打了962121，对家中水管进行了报修。

桥本：你好，我想要报修，水管漏水。

物业：好的，帮您安排维修人员。

桥本：多久能上门呢？

物业：大约15分钟。

桥本：好的，谢谢。

物业：请问，漏水的情况严重吗？

桥本：还行，孩子正在学游泳呢。

物业：什么？维修人员马上就到！

物业服务好不好，响应速度很重要。现在，利用科技赋能，物业服务热线进一步提升了响应速度和维修效率，为市民们提供更优良、更快捷、更高效的物业服务，保障市民的正常生活。

2022年1月，普陀区962121物业服务呼叫平台的维修来电量比平日激增三四成，尤其是晚上11点到次日1点，更是维修的"高峰期"。通过工作执法记录仪，平台可以实时了解工人所在点位，遇到急单、险单时，可以在线对讲或者视频连线，实现远程分析，并制定最优维修方案，大大节省应急处置时间。

未来，随着互联网技术不断发展，物业服务的盲点不断减少，效率也将不断提高。962121将持续为市民的生活保驾护航。

小贴士：

1. 报修时，除了向物业公司叙述具体情况外，还要记得确认维修人员的上门时间。根据维修内容和紧急程度的不同，维修人员的上门时间也会有所不同。
2. 寒潮来袭前，记得对家中管道做好相应的防寒措施，以防爆裂、泄漏等情况发生。

中文练习：

1. 我想要报修。
   修理を申し込みたいです。
2. 多久能上门?
   どれくらいで来てもらえますか?

不動産編

主人公： 橋本幸憲
上海在住歴： 2年
場　　所： 家

QRコードをスキャンして
映像を見よう

　賃貸住宅の物が壊れた時は、不動産屋や大家に連絡して破損の程度や具体的な状況を伝える。夜中に緊急修理が必要になった場合は、不動産屋以外に962121上海市不動産サービスホットラインに電話しても良い。このホットラインは24時間受付で、緊急時には修理スタッフが15～30分で到着する市民の強い味方だ。

　ある日、本編の主人公、橋本幸憲さんは、家の水道管が壊れたので962121に電話して修理を依頼した。

橋本： こんにちは。修理を申し込みたいです。水道管が水漏れしています。

受付： はい、修理スタッフを手配します。

橋本： どれくらいで来られますか？

受付： 約15分です。

橋本： はい、ありがとうございます。

受付： 水漏れはひどいですか？

橋本：まあまあです。子供が泳ぐ練習をしています。

受付：え！？修理スタッフをすぐに行かせます！

　不動産サービスの質はスピードも大切である。今、インターネット技術の発展に伴い、不動産サービスは、より高品質、高スピード、高効率のサービスを提供している。

　例えば、2022年1月現在、普陀区の住宅修理応急センターは、修理依頼が平日より3-4割増した。特に夜11時から翌午前1時までの時間帯の修理が最も多くなった。

　そこで、同センターは作業記録器を通じてリアルタイムで修理スタッフの位置を把握し、人員配置を調整した。緊急案件や危険案件に遭遇した場合、オンライン会話やビデオ通話を通して本部がリモート分析を行い、最善の解決策を現場に伝え、修理の時間を大幅に節約した。

　将来的には、家の中の修理にもビッグデータやスマート化が活用され、不動産サービスの効率を向上させることになるだろう。

ミニ知識：

1. 修理を申し込む時は、具体的な故障状況を伝える他に、修理に来てくれる時間も確認しよう。修理内容や程度によって修理業者が家を訪問する時間が異なることがある。
2. 零下の夜には屋外の水道管が破裂することがあるので、事前にテープやタオルを巻いておくと良い。

中国語練習：

1. 我想要报修。
   修理を申し込みたいです。
2. 多久能上门?
   どれくらいで来てもらえますか？

14 存款篇

主人公：蒲池文惠
沪　龄：2 年
场　景：银行

　　随着互联网金融的快速发展，不少银行开辟了线上服务，只要动动手指，足不出户就能完成业务办理。不过，针对现金存取、外币兑换、商业信贷等传统业务，仍需前往柜台办理。本篇的主人公蒲池文惠这天就来到银行办理存款业务。

　　蒲池：我想存三年，年利率是多少？
　　银行职员：年利率3.5%。
　　蒲池：那就存两万。

银行职员：好的。需要购买理财产品吗？

蒲池：我想买低风险的。

银行职员：这款就是，买的人可多了。

蒲池：好，我三年后来买。

银行职员：什么？三年后？

蒲池：我刚存了三年定期，现在是身无分文了。

　　除了研发各款理财产品外，为了吸引更多客户，各家银行可谓绞尽脑汁，特色服务层出不穷，比如：招商银行和高校合作，推出了可供学生在校园食堂和教育超市使用的借记卡；中国银行和球队合作，发行面向球迷的纪念卡，可以凭此卡以折扣价购买联赛套票。

　　蒲池家附近的银行甚至卖起了家具。位于淮海中路上的建设银行，以家居装潢为主题，里面摆放着各式家具，每款都能现场体验，扫码付款，顾客填写信息后，次日就能收到心仪的家具。对于有装修需求的客户，银行还推出了家庭装修信贷服务，支持分期还款，信贷服务的最高额度是100万，最长期限是8年。网点负责人称，上海市民携带身份证和房产证，就能申请贷款。未来，此项服务有望不断完善，并逐步向外籍人士开放。在摆满家具的银行网点，既能感受到家的温暖，又能享受一站式的装修服务，可谓一举两得。

小贴士：

1. 中国有五大商业银行，分别是中国银行、中国农业银行、中国建设银行、中国工商银行和交通银行，前往其中的

任何一家都能办理存款业务。不过，银行不同，利率也
有所差异。
2. 根据2015年出台的《存款保险条例》第五条规定，存款
保险实行限额偿付，最高偿付限额为人民币50万元。

中文练习：

1. 利率是多少?
   利率はどのくらいですか？
2. 我想买理财产品。
   投資信託商品を買いたいです。

銀行編

主人公：蒲池文恵
上海在住歴：2年
場　所：銀行

QRコードをスキャンして
映像を見よう

　今、インターネットバンキングが出来る銀行が多くなり、家にいながらにしてパソコンやスマホでクリックすれば、残高明細の確認や振り込みができる。しかし、外貨の両替、ローン申し込み、金融商品を買いたい時等は、やはり銀行カウンターを利用する必要がある。本編の主人公、蒲池文恵さんは貯金するために銀行へ行った。

蒲池文恵：3年の定期預金の金利は、どのくらいですか？
銀行員：3.5%です。
蒲池文恵：では、2万元預けます。
銀行員：わかりました。財テクに興味はありますか？
蒲池文恵：低リスクのものが良いです。
銀行員：これはどうですか？多くの人が買っています。
蒲池文恵：いいですね。3年後に買いましょう。
銀行員：ええ？3年後って？
蒲池文恵：3年定期に預けたばかりなので、今は一文無しですよ。

今、中国の各銀行は顧客をより多く引きつけるために、独自のサービスを提供している。例えば、招商銀行は大学と協力して学食や校内のコンビニで使える預金カードを発行している。また、中国銀行はサッカーファン向けの記念クレジットカードを発行してリーグ戦の入場券を割引販売している。

蒲池さんのアパートの近くには、家具を売る銀行も登場した。淮海中路にある建設銀行は、マイ・スイートホームをテーマに各種類の家具を揃えている。いずれも触ったり、座ったりして、ゆっくり体験できる。QRコードをスキャンして支払うと家具は翌日、家に届く。また、同銀行は内装ローンを新しく設けて分割払いも導入した。このサービスは上海市民なら、身分証明書と不動産証明書を提出すれば申請できる。将来的には外国人も利用できるようにするそうだ。家具が並ぶ銀行は、家の温もりとワンストップ式内装サービスを提供する新しいサービスで話題になっている。

ミニ知識：

1. 中国には5大商業銀行がある。中国銀行、中国農業銀行、中国建設銀行、中国工商銀行と交通銀行で、いずれも預金できるが、銀行によって利率は異なる。
2. 2015年に制定された「預金保険条例」の第5条では、上限50万元までの預金は保障される。

中国語練習：

1. 利率是多少?
   利率はどのくらいですか?
2. 我想买理财产品。
   投資信託商品を買いたいです。

15 药房篇

主人公：小松京子
沪 龄：2 年
场 景：药房

　　不少外国友人在中国生活时间久了，会听到"膏方"一说。膏方在一些中医医院和中药房都能买到。但是外国朋友会担心如何交流和购买。其实，只要掌握了几个与身体状况相关的基本表述，配膏方的难题就能解决。本篇的主人公小松京子就是因为感冒咳嗽，身体有些怕冷，"因祸得福"地学会了这个"新技能"。

　　这天，小松京子又来到了药房。

小松：最近我有些怕冷。

中医：先把个脉吧。

小松：好。

中医：有些肾亏，开个膏方调理一下。

小松：要喝多长时间?

中医：50 天左右。

小松：这么久? 有没有方法让身子快速变热呢?

中医：出门左拐，去便利店买个暖宝宝吧。

"治疗靠西药，保养用中药"，这是日本人的基本常识。而在中国，尤其是冬天，还有一种特别的药剂，那就是"膏方"。膏方由20多种中草药混合而成，可用于肠胃保健、调节睡眠、增强免疫力等方面。因个人体质和治疗目的不同，膏方药材有所区别，必须由中医开具处方。所以，普通药房并不出售膏方，需前往开设中医门诊的医院或雷允上、童涵春堂、蔡同德堂等老字号问诊采购。

膏方是中药的一种，需长期服用，逐步调养身体。但它和西药不同，无法当场取药，因为是"一人一方"，不可能提前制作。将处方交给药剂科后，至少需要等待两日。膏方制作的第一步是浸润药材，利用药材和清水间的浓度差，使有效成分渗透出来。浸泡6小时后开始煎煮，通过慢慢加热，让药材的细胞膜破裂，有效成分就能彻底释放出来。按照传统技艺，煮出头汁后，再继续煎煮提取二汁，将两汁混合沉淀后，倒入紫铜锅进行熬制，熬制过程中需不断搅拌，直至水分完全蒸发。最后，兑入阿胶、龟甲胶等胶类药材，倒进无盖陶罐静置一夜。需要注意的是，盖子上的水蒸气会滴到下面，引起膏方腐烂，所以会用纱布覆盖。

据悉，上海的各大医院和药房冬季膏方的制作量较其他季

节会提升10倍以上。《皇帝内经》讲究"春生、夏长、秋收、冬藏",说的是冬季气温偏低,人体会摄取更多食物,达到发热保暖的目的,所以有"进食多""吸收快"的生理特点,此时服用膏方更易吸收。这就是中医崇尚冬季进补的原因。

如果想通过膏方调理身体,赶紧去老字号药店看看吧。若是想买家庭常备药品,普通药房就能满足需求。

小贴士:

中国没有药妆店,购买止咳药、红药水、创可贴、维生素等家庭常备药品时,大家的首选都是药店。还要注意,药品类型不能选错。为了适应不同人群的需求,同类药品会以药片、药剂、喷雾等多种形式同时售卖。

中文练习:

1. 有止咳药吗?
   咳止め薬はありますか?
2. 西药
   西洋薬
3. 中药
   漢方薬
4. 膏方
   漢方薬エキス

薬局編

主人公：小松京子
上海在住歴：2年
場　所：薬局

QRコードをスキャンして
映像を見よう

　中国に長く住む外国人なら「膏方」という言葉を聞いたことがあるだろう。膏方は漢方の病院や薬局で作ることができるが、薬局へ行って「販売員とスムーズに交流できるかな？」と心配する外国人は多いかも知れない。実は、いくつかの基本表現を覚えておけば、きっとうまくいくはずだ。本編の主人公、小松京子さんは風邪を引いたのをきっかけに薬局で薬を買うという新しい「技」を身につけた。

　この日、小松京子さんは薬局へ行った。
小松：最近、体が冷えます。
漢方医：脈を診ましょう。
小松：はい。
漢方医：やはり腎虚ですね。漢方薬エキスを飲みましょう。
小松：服用期間は？
漢方医：約50日間です。
小松：そんなに長いですか。すぐ体を暖める治療法はあり

ますか。

漢方医：門を出て左折、コンビニでカイロを買ったら？

　膏方と言われる漢方薬エキスは、冬の時期に大人気の漢方薬だ。20種類以上の漢方薬を煎じて凝縮したもので、健康維持や睡眠の質の向上、免疫力アップ等に使われる。個人の体質や治療目的によって膏方の中身は異なるので、漢方医の処方が必要だ。そのため、漢方科がある専門病院か、雷允上、童涵春堂、蔡同徳堂といった漢方医がいる老舗の大型漢方薬局でしか買うことができない。

　膏方は時間をかけて体を整えるものだ。焦ってはいけない。そして、西洋薬とは違い、その場で受け取ることはできない。なぜなら、膏方は一人ひとりの状況に合わせて作るので、事前に作り置きすることができないからだ。そのため、でき上がるまでに少なくとも2日間は必要だ。水を加えたり、薬草を細かくしたり、水に浸したりして、膏方作りの作業が始まる。まず、薬草を6時間水に浸して有効成分を引き出した後に煮始める。伝統的な方法では、1回煮出した薬草をもう一度煮出す。2回分の煮出し液を混ぜ合わせ、不純物を沈殿させる。その後、煮出し液を純度の高い銅で作った鍋に入れ、水分がなくなるまで、かき混ぜながら煎じる。最後に、ロバの皮を煮込んで作った阿膠や亀の甲膠等の膠類を混ぜて蓋のない陶磁器に入れる。それを1晩冷やすと膏方ができあがる。蓋に付いた水蒸気が液に入ると膏方が腐るので、蓋の代わりにガーゼで覆う。

　冬になると、上海にある病院と薬局の膏方の販売量は、他の季節に比べて10倍以上増える。中国の古典医学書『皇帝内経』に「冬は一番の養生の季節」と書いてある。気温が低い冬、人

間は体を暖めるために春や夏よりも多く食べる必要がある。つまり冬は多くのものを吸収する特別な時期ゆえに膏方を飲むのに適した季節なのだ。

　もし、膏方で持病の治療や体調を整えたいなら、春になる前に漢方薬局へ行ってみよう。家庭用常備薬を買いたい時は、普通の薬局で購入できる。

ミニ知識：

　風邪薬や咳止め薬、絆創膏、ビタミン剤といった家庭用常備薬を買いたい時は薬局に行く。同じ薬でも、錠剤、エキス剤、スプレー等、何種類も販売されている。

中国語練習：

1. 有止咳药吗?
   咳止め薬はありますか？
2. 西药
   西洋薬
3. 中药
   漢方薬
4. 膏方
   漢方薬エキス

16 二手篇

主人公：山崎美绪

沪　龄：3 年

场　景：咖啡馆

　　日语中的"中古品"在中国叫作"二手闲置物品"，你不仅可以将平时不太使用的物品二次售卖，也可以用低于市场的优惠价格淘到成色不错的宝贝。日本动漫和游戏产业发达，所以二手物品中，以游戏卡带和漫画书居多。而在中国，从衣服到家电，几乎所有物品都可以在二手市场上买到，这种形式在十几岁至三十几岁的年轻人中尤为受欢迎。这天，本篇的主人公山崎美绪来到了咖啡馆和卖家当面交易。

卖家：你好，我是来和你面交猫咪玩具的。

山崎：你好，请问有瑕疵吗？

卖家：几乎没有瑕疵，9 成新的，你看看。

山崎：咦，怎么像新的一样。

卖家：我家的猫对这个不感兴趣，看都不看一眼。

山崎：希望我家的猫喜欢，不然每天都来骚扰我。

卖家：它是把你当玩具了吧。

　　中国倡导可持续发展的绿色环保理念，这也带动了二手物品买卖的循环经济迅猛发展。据最新数据估算，中国的二手交易市场规模在 2025 年将达 3 万亿元人民币。其中，网络电商为二手物品的主要交易平台。在"闲鱼"二手交易软件上，平均每月有超9000 万人使用，是中国目前规模最大的二手交易平台。2021 年3 月，日本的大型二手交易软件 Mercari 宣布将与中国的"淘宝"及"闲鱼"合作，开启中日两国间的二手物品跨境交易。将来，在网上淘到中日两国的人气二手商品将不再是难事。

　　环保又实惠的二手物品交易，也被视为合理分配社会资源的一种途径。不过，平时在购物时，要做到理性消费，尽量不要产生过剩的闲置物品、造成浪费。

小贴士：

　　使用过的二手物品，难免会有污渍或掉漆等小瑕疵，购买前一定要仔细确认。在日本，一般将二手物品划分为新品、未开封新品、开封未使用的物品、使用过的物品和残次品。通过这些标签，可以判断物品成色是尚可、好还

是很好。而在中国，则使用"几成新"，相当于用新品成色的百分之几来表述。划分标准一般是物品的使用时间、是否在保修期内、有无瑕疵、包装或小票是否齐全等。

中文练习：

1. 有瑕疵吗？
   瑕疵はありますか？
2. 面交。
   手渡す。

中古品編

主人公：山崎美緒
上海在住歴：3年
場　所：喫茶店

QRコードをスキャンして
映像を見よう

　中古品は、中国語で「二手闲置物品」と言う。利用頻度の低い物を売ったり、安くコンディションが良い物を買ったりできるので、今、中古品売買は若者の中で人気だ。日本はアニメ大国で漫画本やゲームの中古品が多いが、中国では衣類からデジタル製品、家具まで、ほぼ全てのカテゴリーを網羅している。年代でいうと売り手も買い手も10代-30代の若者が多い。この日、本編の主人公、山崎美緒さんは中古店舗に行った。

売り手：こんにちは。猫の玩具を手渡しますね。

山崎：こんにちは。瑕疵はありませんか？

売り手：9割程度、新品同様です。確認してみて。

山崎：まるで新品ですね。

売り手：うちの猫は、この玩具に興味が無くて振り向きもしません。

山崎：うちの猫が気に入ると良いな。そうでないと、毎日私に嫌がらせをしてきます。

売り手：猫に遊ばれているのですね。

　中国政府は、経済成長と環境保護を両立して持続可能な発展をしていくために、長年に渡って国民にグリーンコンシューマーになるように呼びかけてきた。これを受けて、若年層の消費行動を中心に中古品市場が拡大している。2021年のデータによると、2025年までに3兆元規模になる見通しである。このうち、オンライン取引は中古品の主な取引ルートで、中でも「閑魚」は中国最大の販売サイト「淘宝（タオバオ）」内の中古品取引用サービス「淘宝二手」が前身で、現在、月間利用者数が9000万人を超える中国最大のフリマアプリである。2021年3月、日本の大型中古品売買サイトのメルカリは、「淘宝」および「閑魚」と提携し、中国での越境販売を始めた。中国から「メルカリ」の一部商品を閲覧購入できるようになり、「淘宝」または「閑魚」から注文が入ると、BUYEE公式アカウントが「メルカリ」上の商品を代理で購入、検品、梱包後、中国へ発送する。これを機に日本の中古ブランド等が、越境ECから中国消費者へ届くことが期待されている。

　環境に配慮し、社会資源を有効活用できる中古品市場は、今後さらに拡大する可能性を秘めている。その一方で、できるだけ過剰消費を控え、あまり使わないうちに中古品にしてしまわないように気を付けよう。

ミニ知識：

1. 中古品なので、傷や汚れ等の瑕疵があるかどうか、価

格が品質に見合っているかどうかを判断しよう。日本では、主に中古品を【新品】【未開封新品】【開封未使用】【使用された品物】【残欠品】という分類方法でコンディションの「可」「良い」「非常に良い」を表示するが、中国では「几成新」、つまり「〇〇割新品同様」と言う表現で、中古の度合いを表す。それは主に製品の使用期間、保証期間内かどうか、表面に傷があるかどうか、機能がまだ正常かどうか、各種証明書が保存されているかどうか等によって判断する。

2. 日本の中古ネット販売は基本的に販売手数料10%、入金手数料が約200円かかる。売買者が直かに品物を手渡す取引を中国語で「面交」というが、品質を直接チェックできるので便利だ。

中国語練習:

1. 有瑕疵吗?
   瑕疵はありますか?
2. 面交。
   手渡す。

17　家政篇

主人公：日置和
沪　龄：1 年
场　景：家中

快节奏的现代生活让都市人变得越来越忙，如果家中能有专人帮忙洗衣烧饭、打扫卫生，自然能减轻不少负担。和月嫂、住家阿姨不同，多数家政人员以"钟点工"的形式提供服务，服务对象也不限于某个家庭，所以如果因为出差等事由，想要临时调整服务时间，建议提前一周和阿姨及其所在的劳务公司商量。如果对方实在无法调整日程，就会安排其同事上门服务。雇主和家政人员间相互理解，双方都和气气，有商有量，才能维持长期的主雇关系。本篇的主人公日置和就雇用了一位50岁的上海阿姨。

这天，日置和正在与家中的阿姨对话。
日置：王阿姨，能帮忙煲个鸡汤吗？
保姆：没问题，多放点葱更香。
日置：王阿姨，能帮忙烤个鸭子吗？
保姆：多倒点酱油，提提香味。

日置：王阿姨，能帮忙炒个鱼片吗？

保姆：烧这么多，你吃得完吗？

日置：这顿饭是为王阿姨烧的，生日快乐！

　　那天，日置与全家聚到一起，给王阿姨过了50岁生日。王阿姨可高兴了，还当场许了个心愿：希望能从家政专业顺利毕业。日置和头一次知道，上海的大学里还设有家政专业。

　　为了提升家政人员的学历和专业技能，2021年7月，上海开放大学新设家政服务与管理专业，共计招收141名学员，有从事家务、月嫂的一线家政人员，也有家政公司的管理者。所有课程都在周末开班，学制两年半。除烹饪、保洁、母婴护理、养老看护等职业技能外，还开设营养学、心理学、法律法规和大学英语等理论课程，助力家政行业专业化、国际化的发展。上海市家庭服务业行业协会会长张丽丽表示：部分家政人员，对个人成长和职业生涯是有规划的，非常希望实现本科梦，毕业后，他们可能是未来的家政培训师，也可能是企业的管理者。

　　除了为家政人员开设专业的学习平台，《上海市家政服务条例》的颁布，也为其提供了制度保障，比如：鼓励发展员工制家政服务机构；建议企业与家政人员签订劳动合同，并缴纳社会保

险费；通过各类政策指导，让家政服务行业更规范、更专业。

得益于这些制度保障，如今，在上海工作生活的外国友人想要找个会做菜、会外语、懂营养、懂心理的中高端"阿姨"，已不再是难事。

小贴士：

中国人习惯把家政人员亲切地称为"阿姨"，因为从事家政工作的人一般都是五六十岁的中年妇女，前面加上姓氏，就能组成固定称谓，如"李阿姨""周阿姨""王阿姨"等。

中国地大物博，不同地区的阿姨烧出来的菜各具特色。比如，上海阿姨的菜浓油赤酱、口感略甜；东北阿姨的菜量大、口味偏咸、多含葱蒜；湖南阿姨的菜色泽浓郁、辣味十足。选择保姆时，记得要了解阿姨的籍贯和自身口味的匹配度。

中文练习：

1. 王阿姨能帮忙烧饭吗？
   王さん、料理を作ってもらえますか？
2. 明天下午能来吗？
   明日の午後、来られますか？

家政婦編

主人公：日置和
上海在住歴：1年
場　所：家

QRコードをスキャンして
映像を見よう

　現代社会では、仕事に追われる日々を送るサラリーマンが多いだろう。家に料理や洗濯、掃除等の家事を手伝ってくれる家政婦がいれば、非常に助かる。上海では、時間単位で働く家政婦を雇う家が少なくない。時間単位で働く彼女達は雇用主が複数いるので、訪問時間を変更したい時等は、少なくとも1週間前に家政婦本人か仲介事務所に連絡するのがルールだ。雇用主と家政婦間の意思疎通がうまく行けば、良い関係が長く続けられる。本編の主人公、日置和さんは、50才の家政婦を雇っている。

　ある日の日置和さんと家政婦さんの会話を再現。
日置：王さん、鶏スープを作ってくれませんか？
家政婦：もちろん。ネギを沢山入れると美味しくなりますよ。
日置：王さんは北京ダックを作れますか？
家政婦：醬油をたっぷり塗ると良い香りがしますよ。
日置：王さん、魚も作ってもらえますか？

家政婦：そんなに多く作って食べきれますか？

　　日置：王さんのために作ってもらうのですよ。王さん、誕
　　　　　生日おめでとう！

　　その日、日置さんは家族揃って王阿姨の50歳の誕生日を祝
った。王阿姨はとても喜び、誕生日の願いとして、家政婦科を
無事卒業できるように祈った。日置さんは、王阿姨の願いを聞
いて初めて上海の大学に家政婦科が設置されたことを知った。

　　家政婦たちの学歴とスキルを高めるために、2021年7月、上
海開放大学は家政サービスと管理専攻を新設し、141人の学生
を募集した。応募者の中には、現役の家政婦やベビーシッター
等もいれば、家政婦事務所の管理者もいる。授業は全て週末
だ。2年半で、料理、清掃、母子ケア、老人ケア等の技能だけ
でなく、栄養学、心理学、法律学、英語等も学び、国際的なプ
ロの家政婦の育成を目指す。上海市家庭服務業協会の張麗麗会
長によると、一部の家政婦は、大学卒業後、家政婦の指導教官
や関係企業の経営者を目指すという。

　　一方、上海市は「上海市家政服務条例」の頒布し、制度の面
から家政婦を支援している。例えば、家政婦派遣会社に対し、
家政婦ときちんと雇用契約を結び、家政婦の社会保険を支払う
よう求めている。こうした制度保障があってこそ、家政婦達は、
外国語や栄養学、心理学もマスターすることができるのである。

ミニ知識：

　　中国では、親近感を伝えるため、家政婦を「アイ」（お

ばさん）と呼ぶのが普通だ。「アイ」の仕事をするのは、ほとんどが50代か60代の中高年女性だからだ。「アイ」の前に苗字を加えると、相手の呼び方が決まる。例えば、王アイ、李アイ、周アイ等。

　中国は広いため、家政婦の出身地によって得意料理が異なる。例えば、上海「アイ」の料理は、醤油たっぷりで甘い味付けだ。東北「アイ」の料理は、量が多くてネギと大蒜を多く使う。また、湖南「アイ」の料理は、彩り豊かで、とても辛い。食べられない料理を毎日のように出されるのを防ぐために、アイを選ぶ時は出身地を聞いておくことをお薦めする。

中国語練習：

1. 王阿姨能帮忙烧饭吗?
   王さん、料理を作ってもらえますか？
2. 明天下午能来吗?
   明日の午後、来られますか？

18 垃圾分类篇

主人公： 永吉君枝
沪　龄： 20 年
场　景： 住宅区

　　上海的发展速度不断加快，许多人选择来到这里工作和生活，但随着城市人口数量的增加，问题也随之而来。其中，生活垃圾如何处理，便是大家最为关心的问题之一。为有效解决这一问题，上海自 2019 年 7 月 1 日起，开始正式实行垃圾分类。本篇的主人公永吉君枝就在询问社区管理员关于垃圾分类的事情。

　　永吉： 请问，垃圾应该怎么分？

　　社区管理员： 湿垃圾扔这里，干垃圾扔那里。

　　永吉： 那塑料瓶呢？

社区管理员：可回收物扔在那里。

永吉：好的，什么时候可以扔呢？

社区管理员：每天上午6点到8点，下午5点到8点。

永吉：那现在就可以。

社区管理员：是的，请问你是什么垃圾？

永吉：（震惊）我可不是垃圾！

社区管理员：我是问你手上拿的。

永吉：啊！原来如此。

　　上海将垃圾主要分为四类，"有害垃圾""可回收物""湿垃圾""干垃圾"。其中，有害垃圾是指废电池、废药品、废油漆及其容器等对人体健康或者自然环境造成直接或潜在危害的生活废弃物。可回收物是指废纸张、废塑料、废玻璃制品等适宜回收、可以进行循环利用的生活废弃物。湿垃圾即易腐垃圾，指剩菜剩饭、瓜皮果核、花卉绿植等易于腐烂的生活废弃物。干垃圾则是指除可回收物、有害垃圾、湿垃圾以外的其他垃圾。如果遇到无法确定分类的情况，可通过微信小程序或公众号进行查询，输入需要查询的物品，系统便会显示它的分类与投放要求。

　　上海各小区集中投放垃圾的时间通常会选取居民日常生活中投放垃圾的高峰时间段，每日时长3至4小时，开放时间段和时长也会根据小区的实际情况，进行适当的调整，做到定时定点投放垃圾。

　　为进一步提高可回收物的资源再利用率以及市民的参与感，嘉定镇街道在可回收物中转站里专门开辟出一个文创体验空间。几排书架，隔出一片明亮的阅览区。市民既能以书换书，也可现场品读，每月流通量在千余本。一旁的二手置换区，还陈列着各类工艺摆件、生活用品等。旧电视机、旧手机等各种具有年代感

的物件让市民如同走进一个小型的历史博物馆。

　　垃圾分类不只是为了加强垃圾管理，改善居住环境，更是对城市精细化管理的促进与生态环境的保护，让我们一起做好垃圾分类，共同创建整洁美好的生活环境吧！

小贴士：

1. 废旧纸张作为可回收物丢弃时，需保持纸面清洁，除了打印和书写的油墨外，尽量不要沾染油污，否则就不能循环利用了。另外，用过的纸巾、纸尿布，卫生纸等污染严重或是遇水极易溶化的纸类废弃物，同样无法回收利用，应作为干垃圾丢弃。
2. 只有当废旧塑料制品和容器体积超过100毫升且标有三角循环标志时，才可作为可回收物丢弃，同时，还需将其清洗干净。否则，将被视为干垃圾。例如，塑料袋、一次性餐盒、咖啡纸杯等，由于夹杂油污，都要归入干垃圾。

中文练习：

1. 垃圾应该怎么分？
   ゴミはどう分別しますか？
2. 什么时候可以扔？
   いつ捨てられますか？

ゴミ分別編

主人公：永吉君枝
上海在住歴：20年
場　所：団地

QR コードをスキャンして
映像を見よう

　発展を続ける上海には、海外や国内から多くの人が集まる。し
かし、人口が増え続けると多くの問題が生じる。中でも、ゴミの
排出量が増えることは、大きな問題の一つである。この問題を解
決するため、上海では2019年7月1日からゴミ分別が始まった。
本編の主人公、永吉君枝さんは、マンションの管理者にゴミ分
別のことについて尋ねた。

永吉：ゴミはどう分別すれば良いですか？
管理者：生ゴミはここ、乾ゴミはここに捨てて下さい。
永吉：プラスチックボトルは？
管理者：リサイクルゴミはあっちです。
永吉：はい、いつ捨てられますか。
管理者：毎朝6時-8時、午後5時-8時まで。
永吉：今は捨てられますね。
管理者：はい、あなたはどんなゴミですか。
永吉：(驚いて) 私はゴミではありませんよ！

管理者：あなたが持っているゴミについて尋ねたのですよ。
永吉：あ、そうでしたか！

　上海では、ゴミは主に有害ゴミ、リサイクルゴミ、生ゴミ、乾ゴミの4種類に分別する。このうち、有害ゴミとは、電池、薬品、ペンキ等、人々の健康や自然環境に有害な廃棄物である。リサイクルゴミは、古紙、プラスチック、ガラス製品等、回収に適し、リサイクル可能な物だ。生ゴミは、野菜カスや果物の種、花や植物等腐って分解される物だ。乾ゴミとは、リサイクルゴミ、有害ゴミ、生ゴミ以外のゴミのことだ。どの様に分類するかわからなかったら、様々なアプリで検索することができる。

　また、ゴミ捨ての時間は、住民がゴミを捨てるピーク時間に合わせて毎日3～4時間設定されている。実際の時間と長さは、集合住宅の状況に合わせて調整されている。

　さて、リサイクルゴミの利用率をさらに高め、市民にリサイクルを利用してもらうため、嘉定鎮のリサイクルゴミ受付センターはミニ図書館を設けた。市民は、ここで本を読んでもいいし、自分が持参した本を別の本に交換することもできる。毎月の流通量は千冊以上である。中古交換エリアには、工芸品や生活用品等が陳列され、リサイクルゴミを捨てることで得たポイントで交換できる。市民参加をさらに進めるために、同センターは古いテレビや携帯等、年代感のあるものを展示する小さな歴史博物館も作った。

　ゴミ分別は、より良い居住空間と環境を作る上で、とても大切である。ゴミ分別をしっかりして、きれいで美しい生活環境を作ろう。

ミニ知識：

1. リサイクル用の古紙は、インク以外の汚れが残っていてはいけない。また、トイレットペーパーは水に溶けやすいため、リサイクルできない。使用済みのティッシュ、紙オムツ等、汚れがひどいものもリサイクルに適さないので、乾ゴミとして捨てよう。
2. 100 ml以上で三角形のリサイクルマークがついている容器やプラスチック製品はリサイクルゴミとして分ける。捨てる時は、きれいに洗う必要がある。汚い場合は乾ゴミとして捨てる。また、ビニール袋、使用済み弁当箱、紙コップ等、汚れが混じっているものは乾ゴミとして捨てる。

中国語練習：

1. 垃圾应该怎么分?
   ゴミはどう分別しますか？
2. 什么时候可以扔?
   いつ捨てられますか？

19 热线篇

主人公： 长田奏惠
沪　龄： 1 年
场　景： 家中

遇上火灾、盗窃等无法自行处置的难题，要通过何种方式求助呢？答案是热线电话。然而，不少外国人却担心：拨错号码怎么办？语言不通怎么办？以至于束手束脚不敢拨打热线。其实，中国的热线电话很好用，只要掌握几个基本用语就可以了。为了查询相关电话号码，本篇的主人公长田奏惠拨打了114热线电话。

长田： 你好，我想查天气预报。

热线客服： 请拨打121。

长田： 我想更新护照信息。

热线客服： 请拨打12367。

长田： 请问消费者投诉举报专线是多少？

热线客服： 请拨打12315。

长田： 真厉害！你是哆啦A梦吗？什么都知道。

热线客服： 哆啦A梦只服务野比太郎，114服务所有市民群众哦，感谢您的来电。

　　在日本，火灾和急救都由消防部门负责，只需拨打119即可。而在中国，火灾属于应急管理部管辖，急救则由医疗急救中心负责，因为所属不同，号码有所差异，遇到火灾要拨打119，急救要拨打120。此外，110热线也很重要。和日本一样，这里的110也连通警局，无论是盗窃、打架等事件，还是追尾、坠楼、失踪等事故，110都提供24小时应对服务。为了方便外国友人，除了汉语外，110已陆续开通日语、英语、意大利语、德语、法语、西班牙语、俄语、韩语、阿拉伯语9个外语语种的服务。电话接通时，只需告知"请转日语服务"或"请转英语服务"，接线员就会帮忙转接。只要记住这三个热线号码，遇上紧急情况就能沉着应对了。

　　至于其他的热线号码，无须死记硬背，交给114就行。只需告知目的，接线员就会在10秒内帮忙查询相应的电话号码，114也因此被称为"万能热线"。114可谓服务百姓的"哆啦A梦"，不仅知晓所有热线，只要提供具体信息，还能帮忙查询学校、餐馆、企业、医院等公共设施的电话号码，方便实用。

　　2021年10月起，114热线平台还为老年人等不擅长使用智能手机的对象开通了叫车服务。114叫车功能的服务时间为早7点

至晚7点，用户拨打电话后，告知出发地址、目的地地址、乘车人姓名和联系方式后，接线员就会帮忙预约大众、强生、锦江、海博等全市出租车资源，且不收取额外电调费用。虽然，114叫车功能是项适老化服务，但上海市民如有需求，均可使用该项服务。

目前，该服务的日均使用量为约300人次，从拨打电话到收到订单短信，平均用时3分钟。虽然较打车App花费时间略长，但对于老人、视觉障碍人士等而言，仍是种便捷友好的叫车选择。正因为开通了114等各式各样的热线电话，即使是外国人也能享受安全、放心的魔都生活。

小贴士：

1. 用于求助的热线电话接通后，最重要的是告知具体方位。
2. 口诀是"火灾幺幺九（119），急救幺二零（120），报警幺幺零（110），想要查号码，万能幺幺四（114）"。

中文练习：

1. 我在虹桥路。
   虹橋路にいます。
2. 请转日语服务。
   日本語サービスにつないで下さい。

ホットライン編

主人公：長田奏恵
上海在住歴：1年
場　所：家

QRコードをスキャンして
映像を見よう

　火事や盗難事故等、自力で解決できないことが起きたら、どうやって助けを求めたら良いのか。答えはホットラインに電話をかけることである。しかし、ホットラインの電話番号が分からない、言葉が通じない等と懸念して電話をかけるのをためらう人が多いのではないだろうか。実は、中国のホットラインの使い方は意外と簡単だ。いくつかの基本用語を身につければ良い。様々なホットラインの電話番号を調べるために、本編の主人公、長田奏恵さんは114に電話している。

長田：こんにちは。天気予報を聞きたいのですが。
オペレーター：121番にかけてください。
長田：パスポートを更新したいのですが。
オペレーター：12367番に連絡して下さい。
長田：消費者専用ホットラインは何番ですか？
オペレーター：12315番にダイヤルして下さい。
長田：すごい！ドラえもんみたいに何でも知っていますね。

オペレーター：ドラえもんは、のび太君しか助けませんが、114番は全市民にサービスを提供していますよ。お電話ありがとうございました。

　救急の車を呼びたい時、日本では救急車も火事も消防署の担当なので119番にかける。しかし、中国では火事は応急管理部門、救急は医療救急センターの管轄なので番号は別々だ。火事なら119番、救急なら120番にかける。119番と120番の他、よく使うホットラインは110番である。日本と同じように110番は警察と繋がるので、盗難、誘拐、自動車事故、失踪等様々な事件事故に24時間対応している。また、外国人も使えるように、日本語、英語、イタリア語、ドイツ語、フランス語、スペイン語、ロシア語、韓国語、アラビア語の9カ国語で応対しているので、オペレーターに「请转日语服务（日本語サービス、お願いします）」や「请转英语服务（英語サービス、お願いします）」と、必要な言語を伝えれば繋いでもらえる。緊急事態に対応する119番、120番、110番を覚えておけば、中国で安心して毎日を送れるはずだ。

　先ほどの例文のように、様々なホットラインの番号を知りたいなら、114番に電話しよう。目的を伝えれば、どんな電話番号も10秒以内で調べてくれるため「万能のホットライン」と呼ばれている。また、114番は具体的な住所を伝えれば、学校もレストランも会社も病院も、ほとんどの電話番号を調べてくれるので、とても便利だ。

　さらに、114番は、2021年10月から高齢者等スマホが苦手な人を対象にタクシー予約代理サービスもスタートした。114番のタクシー予約代理サービスは、毎朝7時から夜7時まで利用で

きる。電話が繋がったら、出発地、目的地、利用者の名前、携帯番号を伝えると、オペレーターがタクシーを予約してくれる。大衆、強生、錦江、海博の全タクシー会社を網羅し、予約は無料だ。114番のタクシー予約サービスは当初高齢者対象で始まったが、今は上海市民なら誰でも使うことができる。

　現在、1日の利用者は約300人。通話開始から予約メッセージが届くまで平均3分間である。スマホのアプリより少し時間がかかるが、高齢者や視覚障害者等にとって、とても便利なサービスだ。様々なホットラインを上手に使えれば、外国人でも安心して上海生活を楽しめるはずだ。

ミニ知識：

1. 警察や救急車等、ホットラインに電話をかけて救援を求める時に一番重要なのは場所を伝えることだ。
2. 中国ではホットラインを覚える早口言葉がある。「火事なら119番、救急なら120番、警察なら110番、番号を調べたいなら、万能の114番に連絡を。」

中国語練習：

1. 我在虹桥路。
　　虹橋路にいます。
2. 请转日语服务。
　　日本語サービスにつないで下さい。

20 共享服务篇

主人公：松平初
沪　龄：8 年
场　景：小店旁

　　共享服务是指通过平台合理分配共享资源的服务。中国的共享服务涵盖自行车、雨伞、移动电源等。作为自行车大国，中国从 2016 年开始广泛普及共享单车。这一全新的出行方式和高铁、支付宝、网购一起，被外国人称为中国的"新四大发明"，并逐渐改变着我们的生活。本篇的主人公松平初就很享受共享服务。

松平：请问哪里能停共享单车？

小店师傅：我的店门口就能停。

松平：谢谢。哪里可以还充电宝？

小店师傅：我店里的都插满了。你可以去一公里外的商场还。

松平：那么远啊！那我自行车不还了，直接骑过去吧！

目前，中国的共享单车服务已经进入全球20个国家、100多座城市，服务数亿用户。当我们的出行距离对于步行有些远，坐出租车又显得太近的时候，就会出现"如果有自行车的话会很方便"的想法吧。这时，可以租借路旁停着的共享单车，更便捷地到达目的地。而且，共享自行车的最大优点是无需将自行车放回租借的地方。还车时，停放在目的地附近即可，但需要停在共享自行车停放区。如果在禁停区停放，可能会支付额外费用，或无法锁车，导致被持续扣费。

最近，延安西路仙霞路路口出现了一款用于治理共享单车违规停放的新设备。通过发射可停和禁停信号，划分出停放范围，一旦发现违停，不仅单车无法落锁，还会上报属地街道城运中心处置。蓝牙道钉其实就是一个信号发射器，它可以向多种品牌的共享单车发送信号，一旦接收到禁停信号，使用者就无法锁车。每隔1.5米安装一个蓝牙道钉，就能实现路段信号的全覆盖。

目前，天山路街道城运中心已形成人机联防机制。蓝牙道钉上报违停情况后，系统自动派单，工作人员将在一小时内进行现场处置。接下来，这一共享单车管理模式将在天山路街道主要路段全面铺开。

除了共享单车，在中国随处可见的还有共享充电宝。手机扫描充电坞的二维码，便能短期使用充电宝租赁服务。特别是购物中心、餐厅、美容院、电影院入口、机场等地方，多设有共享充

电宝。租借共享充电宝时，一般会先支付押金，用微信或支付宝就能直接结算。如果使用充电宝后不想退还，也可线上操作买下共享充电宝。

　　无论是共享单车还是共享充电宝，使用都很方便，有机会一定要试试。

小贴士：

　　中国的共享单车的使用费用以分钟为单位计算。根据使用的频率，还可购买7日、30日、90日、180日、360日的优惠卡，折合成单次更加便宜。对于偶尔使用的人来说，也可购买10次或15次等次数卡。

中文练习：

1. 哪里能停共享单车?
   シェアサイクルはどこに駐輪できますか。
2. 哪里可以还充电宝?
   シェアバッテリーの返却場所はどこですか?

シェア経済編

主人公: 松平初
上海在住歴: 8 年
場　所: 街頭

QR コードをスキャンして
映像を見よう

　シェアサービスとは、スキルや時間、モノや場所等をマッチングプラットフォームを介して、複数の人が利用できるサービスの総称である。中国のシェアサービスは、自転車、アパレル、傘、モバイルバッテリー等、多岐にわたる。このうち、2016年から一気に広がったのがシェアサイクルである。新たな交通手段として定着したシェアサイクルは、高鉄、アリペイ、ネットショッピングと並び、現代中国で新しい「四大発明」と呼ばれている。本編の主人公、松平初さんはシェアサービスを利用している。

　松平: こんにちは。シェアサイクルはどこに駐輪できますか?

　店オーナー: この店の外に駐輪できます。

　松平: ありがとうございます。では、シェアバッテリーは、どこで返却できますか?

　店オーナー: ここの返却口がすでにいっぱいなので、ここか

ら1km先のショッピンモールで返却できます。

松平：そんなに遠いですか！では、このままシェアサイク
　　　　ルで行きます！

　今、中国のシェアサイクルは世界20ヵ国、100都市以上に参入
し、数億人のユーザーをカバーしている。中国のシェアサイクル
は、一般的に日本でイメージするレンタサイクルと比べて、かな
り自由度が高い。目的地まで歩くには少し遠い、タクシーを使う
には少し近い等「自転車があれば便利なのに」と思う距離にぴっ
たりだ。さらに、中国のシェアサイクルの最大のメリットは、借
りる時は近くにある自転車を利用でき、返す時は目的地の近くに
乗り捨てできることだ。しかし、返却時にシェアサイクル駐輪ス
ペース以外に駐輪すると、システム上で自転車がロックされたこ
とにならず別料金が発生するので注意が必要だ。

　最近、延安西路と仙霞路の交差点には、シェアサイクル駐輪
秩序を向上させるため、ブルートゥーススパイクが試験運用さ
れている。このブルートゥーススパイクは、どのブランドのシ
ェアサイクルにも有効だ。現在、試験運用区間内に1.5ｍ毎に
設置され、駐輪禁止場所では自転車に鍵をかけられない。

　それでも、駐輪違反が行われた場合、ブルートゥースの管理
システムは現場スタッフに1時間以内に自転車を整理するよう
に連絡する。

　今後、ブルートゥーススパイクは天山路の主要区間内で更に
普及される予定だ。

　この他、普及している物の中にシェアバッテリーが挙げら
れる。シェアバッテリーは、短期利用向けのバッテリー貸出サ

ービスである。多数のモバイルバッテリーを収納、充電できる「ベース」に貼られたQRコードを読み取り、専用アプリを介してバッテリーを利用する、ショッピングモール、飲食店、美容室、映画館の入り口、空港等にシェアバッテリーが設置されている。シェアバッテリーは、WeChatやAlipayで決済でき、返却しない場合は、借りたシェアバッテリーを購入することもできる。

シェアサイクルもシェアバッテリーも、とても便利なので、ぜひ利用してみよう。

ミニ知識：

中国のシェアサービスの利用料金は、時間単位以外に、7日間、30日、90日、180日、更に360日間のカードもあり、より安く利用できる。利用頻度が高くない人は、10回や15回等の回数カードを購入しても良い。

中国語練習：

1. 哪里能停共享单车?
   シェアサイクルはどこに駐輪できますか？
2. 哪里可以还充电宝?
   シェアバッテリーの返却場所はどこですか？

干洗篇

主人公：犬塚真菜
沪　龄：1 年
场　景：干洗店

每逢季节交替，上海众多干洗店的工作量都会大增。特别是西装、羽绒服等较难居家洗涤的服饰，大部分人都会送去干洗店做专业处理，以免褪色或走形。本篇主人公犬塚真菜不小心把咖啡洒到了西装上，于是赶紧跑去干洗店"求助"。

犬塚：这件西装能加急洗吗？
店员：当然可以。
犬塚：12345，都是咖啡渍。

店员：这么多，可能要两三个小时哦。

犬塚：喝咖啡时总会洒出来。

店员：坏习惯还是要改一改。

犬塚：江山易改本性难移啊！

店员：那就把咖啡改了吧，改成橙汁，和西装一个颜色。

犬塚：哇哦，好主意！怎么洒都看不出来呢！

　　干洗店能为服饰衣帽、鞋类箱包、毛绒玩具等各类物品提供清洗去渍服务。但由于洗涤过程涉及多种化学溶剂，小规模干洗店的洗涤范围就很难覆盖所有物品。通常情况下，中国的干洗店会通知客户两三天后取回洗涤物品。主要有以下两个原因：其一，避免顾客在店里扎堆和长时间等候；其二，遇上较难清除的污渍时，需要调配化学溶剂，耗费时间较长。中国的干洗店除了洗涤、熨烫等常规服务外，还提供无痕修补、上色染色和皮具护理等各类衍生业务。

　　想要掌握一门手艺绝非一朝一夕之事。被业内称为"破解洗衣难题第一人"的技师陈爱华，光是研究去渍就用了26年。攻克洗衣难题是陈爱华的工作，也是她最大的爱好。一件放在博物馆里有五六十年的衣服，衣服上到处都是霉斑。她先喷洒独家调配的去渍剂，再用刷子轻轻擦拭后烘干，同样的工序持续五六次，才能去除一小块霉点。随后还要对整件衣服进行清洗和补色，整个过程需要20多天。

　　在陈爱华看来，普通市民无须掌握干洗的所有技术，只要记住几个洗涤小知识。比如，干洗前可主动告知店员污渍具体位置和产生原因，方便"对症下药"。又如，干洗完的衣物尽量不要立刻上身。因为可能有化学物质残留，建议通过晾晒进行二次消毒。干洗这门学问，是不是还挺深奥呢？

小贴士：

1. 如果您急需取回干洗物品，记得咨询店员能否加急，对方会尽快确认污渍情况。如果较易处理，基本能在一两个小时内完成干洗。不过，加急费需要另算哦。
2. 附有特殊装饰的衣物往往无法干洗。比如，贴满亮片的衣服、贴有皮革花纹的毛衣等。

中文练习：

1. 这件大衣能洗吗？
   このコートは洗えますか？
2. 可以加急吗？
   急いでもらえますか？

クリーニング編

主人公： 犬塚真菜
上海在住歴： 1年
場　　所： クリーニング店

QRコードをスキャンして
映像を見よう

　衣替えの季節、上海のクリーニング店には多くの衣類やバッグ等が持ち込まれる。特に、スーツやダウンコート等、家で洗うのが難しい衣類は、クリーニング店で洗うと、型崩れや色褪せしないので安心だ。本編の主人公、犬塚真菜さんはコーヒーを洋服にこぼしてしまい、クリーニング店に駆け込んだ。

犬塚： この洋服は、急ぎでお願い出来ますか？

店員： もちろん。

犬塚： ひとつ、ふたつ…、全部コーヒーの染みです。

店員： 多いですね。2〜3時間かかるかも知れません。

犬塚： いつもコーヒーをこぼしてしまいます。

店員： 悪い癖は直した方が良いですよ。

犬塚： 癖を直すのは山を動かすより難しいです。

店員： 癖を変えるのではなく、コーヒーをオレンジジュースに変えたら？洋服と同じ色ですから。

犬塚： 素晴らしいアイデアですね！それなら、いくらこぼ

しても大丈夫ですね。

　クリーニング店は、衣類や帽子、靴やバッグ、ぬいぐるみ等、様々なアイテムを洗える。しかし、洗浄には複数の化学溶剤が必要なため、小規模のクリーニング店で洗濯できるものは限られている。

　通常、中国のクリーニング店は、利用客に2～3日後に洗濯物を受け取りに来るように伝えている。その理由は二つある。ひとつ目は、店内に客が集まったり、長時間待たされたりすることを避けるためである。もうひとつは、汚れが落ちにくい場合は、化学溶剤を調合する必要があり、時間がかかるためである。中国のクリーニング屋は、洗濯とアイロンだけでなく、服の修繕や染色、皮製品のメンテナンス等、多くのサービスを提供している。

　上述のすべての技術をマスターするには、数十年もかかるそうだ。業界内で「クリーニングの難題を解くチャンピオン」と称される陳愛華さんは、クリーニング技術を習得するのに26年間もかかった。ある日、彼女はある難しい仕事を依頼された。それは、博物館に60年間展示されカビだらけの服だ。彼女は、まずカビを取るために洗剤を調合し、服に少量ずつかけてブラシでゆっくり擦り落とす。この作業を5、6回繰り返して小さなカビ1箇所を取る。カビを取った後、服の洗濯と補色作業に入る。全部終わるまでに約20日間かかった。

　陳愛華さんは、「利用者はクリーニング技術を身に着ける必要はないが、それに関する豆知識を知っていると生活に役立つ」と話す。例えば、洗濯物を店に出す時は、汚れた部分と、その原因を店員に伝えること。そうすると、店は最も相応しい

洗剤を選んでくれる。また、ドライクリーニング後の服をすぐ着ないこと。化学洗剤が服に残っている可能性があるので、数時間、日光に当てた方が良いそうだ。

ミニ知識：

1. 多くのクリーニング店は、数日後に洗濯物を受け取れるが、急いでいる時は店員に「急いでもらえませんか」と依頼しよう。お茶や食べこぼし等の染みなら、1 ～ 2 時間で受け取れるはずだ。
2. 特別な装飾が付いている物は、クリーニングできないことが多い。たとえば、スパンコールが付いた服や革が貼られたセーター等である。

中国語練習：

1. 这件大衣能洗吗?
   このコートは洗えますか？
2. 可以加急吗?
   急いでもらえますか？

22 定制篇

主人公：石川利枝
沪　龄：17 年
场　景：时装定制店

定制最大的魅力就是制作一件只属于自己的特别物品，即使需要等待，也是乐趣所在。上海黄浦江边的董家渡地区曾一度涌现出众多布料市场和裁缝店，吸引世界各国的顾客来此定制服装。其中，定制旗袍最具特色，中国人和外国人都特别喜欢。安福路是上海新晋网红小马路和潮流打卡地，本篇主人公石川利枝便把她的时装定制店开在了那里。

这天，客人来到了她的时装定制店。

客人：你好，这个款式可以定做吗？

石川：可以的，我帮你量一下尺寸。

客人：稍微大一点吧，最近胖了，得穿宽松一点的衣服。

石川：没问题。领子要立领还是圆领呢？

客人：鸡心领吧，显得脖子长一点。大概什么时候能做好？

石川：最近单子比较多，可能要两三个礼拜。

客人：那还是帮我做小一码吧，激励我减肥！

在定制时，每个客人对于颜色的喜好各不相同。总体而言，日本人喜欢海蓝色和粉色，偏爱宽松的设计。而中国人喜欢红色、黄色等鲜艳的色彩，近年来，比较流行色调沉稳的海蓝色和米色。

定制时，量尺寸也很重要。店家量完尺寸后，如果喜欢宽松点的衣服，可以和店家说"稍微大一点"；如果喜欢紧身一点、展现身材曲线的衣服，则可以说"稍微紧一点"。不过，每个人对于"稍微"的理解都不相同，为了不让成品过大或过小，建议还是用具体数字来表达。

除了尺寸以外，如果对面料有要求，可以自行购买好面料再拿去店里制作，也就是"拿料加工"。随着城市发展，黄浦江沿岸的布料市场和裁缝店虽已所剩无几，但南外滩布料市场和十六铺布料市场等大型布料市场在外国人中仍旧很受欢迎，去那儿一定能淘到自己喜欢的布料。而且不少布料店门口都会摆出用店内布料制作的衣服，极具参考价值。

小贴士：

1. 测量尺寸时，原本多会使用尺或寸的单位，如今逐渐开始使用公分作为单位。量完尺寸后，可根据个人喜好向店家说明要求，为了不让成品过大或过小，建议使用具体数字来表达需求。
2. 除了服装定制，上海街头还有很多"壹元裁缝铺"，提供缝扣、锁边、换拉链、改裤脚、补破洞等服务。

中文练习：

1. 这个款式可以定做吗?
   このデザインはオーダーメイドできますか？
2. 稍微大一点。
   少し大きめにして下さい。

オーダーメイド編

主人公： 石川利枝
上海在住歴： 17年
場　所： オーダーメイド・ブティック

QRコードをスキャンして
映像を見よう

　オーダーメイドは、自分だけの1枚を作る特別なものだ。仕上がるまで待つ時間の楽しみもある。上海黄浦江沿いの董家渡という地域には、布市場や小さな仕立て屋が連なり、世界各国の人々がオーダーメイドで、旗袍（チーパオ）と呼ばれるチャイナドレス等、おしゃれで洗練した服を仕立ててきた。
　今、安福路は新しいインスタ映えスポットであり、本編の主人公、石川利枝さんのブティックもここにある。

　この日、石川さんのブティックにお客さんが来た。
　客： このデザインはオーダーメイドできますか？
　石川： できますよ。採寸しますね。
　客： 少し大きめにお願いします。最近太ったので、ゆったりしている服の方が良いです。
　石川： わかりました。襟は立襟、それとも丸襟ですか。
　客： 首が長く見えるVネックでお願いします。完成はいつ頃ですか？

石川：最近注文が多いので2〜3週間かかるかも知れません。

客：やはり小さめにしましょう。一生懸命ダイエットします！

　国によって色や形の好みは様々である。例えば、日本人はネイビーやピンクが好きで、ゆったりしたデザインを好む。一方、中国人は、以前は赤や黄色等色鮮やかなものが好きだったが、最近は落ち着いたトーンのネイビーやベージュに好みが移っている。

　オーダーメイドは採寸が重要だ。店でサイズを計った上で、もしあなたがゆったりしている服が好きであれば、「少し大きめにして下さい」と伝え、もし身体のラインが出るぴったりしたシルエットが好きなら、「少し小さめにしてください」と伝えよう。でも、「少し」の捉え方は人によって全く違い、サイズ感が望み通りにならないこともあるので、具体的に数字に置き換えて伝えると間違いない。

　サイズのほか、もし生地にこだわりがあるなら生地を店に持参して作ってもらうこともできる。つまり「拿料加工（生地を持参し加工する）」である。

　現在、黄浦江の川沿いの布市場や裁縫店は、都市再開発の立ち退きで余り残っていないが、南外灘面料市場や十六舗面料市場等の大きな布市場でオーダーメイドを楽しむことができる。生地店の店頭には店で作った服が飾ってあるので、その出来栄えを参考にすると良いかもしれない。

ミニ知識：

1. 以前は、お針子さんにサイズを伝える時は尺や寸の単位を使うのが一般的だったが、今は公分（cm）を使うようになった。オーダーメイドする時は、自分の好みのデザインを説明し、採寸する時に具体的に数字に置き換えて伝えた方が良い。
2. オーダーメイド以外に、上海には「1元裁縫店」がある。それらの店では、スカートやズボンの裾上げ、ボタン付け、ニットのほつれや穴を直すことができる。

中国語練習：

1. 这个款式可以定做吗?
   このデザインはオーダーメイドできますか？
2. 稍微大一点。
   少し大きめにして下さい。

23 早餐篇

主人公：平山健一
沪　龄：3 年
场　景：早餐店

　　大饼、油条、生煎、小笼、粢饭、糖糕、豆浆……对身在上海的外国人而言，地道的上海早餐可谓琳琅满目，就算是天天翻花样，都可以吃上好一阵子不重样。最近，平山健一所在小区附近开了家生煎店，每天都会大排长龙，让他垂涎欲滴，赶紧也去试吃了一回。

　　这天早上，平山健一来到了早餐店。

平山：一两生煎，打包带走。

早餐店老板：好的，5块钱。

平山：一两不是4个么，怎么给我6个？

早餐店老板：我希望外国人能喜欢我的生煎包，搞点促销，记得常来。

平山：你怎么知道我是外国人？

早餐店老板：因为发音很日式。

平山：多吃生煎，发音能变漂亮吗？

早餐店老板：那你得吃字典吧！

　　平山健一之所以打包生煎，是怕上班迟到。因为要排多长时间，前面的人要买几两，谁都猜不准。而近年上海"早餐工程"推出的"网订柜取"就解决了这个问题。

　　目前，在上海不少地铁站都设有提供"网订柜取"的早餐柜。上班族可以通过手机提前下单，有几十甚至上百种餐品可供选择。收到取餐提醒后，顾客可前往带保温功能的取餐柜，扫码自提。从下单到取餐，不超过2分钟。

　　同时，上海还为不习惯手机订餐的市民贴心增设了流动餐车，这些餐车以房车为基础，店家可在车中现制餐点，品种多样，涵盖中西，通常布局在产业园区、办公楼，以及大型居住社区等早餐需求量较大的区域。

　　此外，上海早餐还有更智能的创新业态，比如：智能无人早餐车、由机器人制作面食的AI食堂等。在上海，不仅吃什么能"天天翻花样"，怎么吃也是"样样不一样"！

小贴士：

日本常用千克来计量食品，但在中国购买生煎、小笼等早餐的话，需要使用一种独特的计量单位，那就是"两"。这是因为在供给制年代，一两粮票可购买50克面粉，够擀4个生煎皮或8个小笼皮。

中文练习：

1. 一两生煎。
   焼き小籠包を1両。
2. 打包带走。
   持ち帰りで、お願いします。

朝食編

主人公：平山健一
上海在住歴：3年
場　所：焼き小籠包店

QRコードをスキャンして
映像を見よう

　ダービン（大餅）、揚げパン（油条）、焼き小籠包（生煎）、小籠包（小籠）、もち米ロール（粢飯）、タンガオ（糖糕）、豆乳……上海の朝ご飯は種類が多く、日替わりで様々な味を楽しむことができる。最近、家の近くで美味しい「焼き小籠包」の店がオープンし、毎日長い行列ができていたので、平山健一さんは早速行ってみた。

　その日、平山健一さんは朝食屋に来た。
平山：焼き小籠包を1両、持ち帰りで、お願いします。
料理屋：はい、5元です。
平山：本来は、1両は4個なのに、なぜ6個くれたのですか？
料理屋：外国人客向けサービスがありますよ。また来て下さいね。
平山：なぜ外国人と分かったのですか？
料理屋：中国語の発音が日本的だからです。

平山：焼き小籠包をたくさん食べたら、中国語の発音が良くなるかな？

料理屋：それなら、焼き小籠包ではなく辞書を食べましょう?!

　平山さんは、出来たての焼き小籠包を買ったのに、なぜ店で食べずに持ち帰りにしたのかと言うと、仕事に遅刻しそうだったからだそうだ。こうしたサラリーマンのニーズの応えようと、上海では新しい朝食の販売方法が始まっている。

　現在、上海の一部の地下鉄の駅には朝食ボックスが登場した。肉饅、サンドイッチ等、約40種類の食品を提供し、ネットで注文、ボックスで受け取るという新しい販売方法である。まず、携帯アプリで好きな朝ご飯を選び注文する。注文後、ボックスの位置、でき上がるまでの時間、QRコード等、詳しい情報がメッセージで送られて来る。ほとんどの場合、注文から出来上がるまで約2分間。お客さんが来るまで保温機能付きの朝食ボックスで保管される。自分のボックスを見つけてQRコードをスキャンすれば、ドアが開き、注文した朝ご飯を取り出せる。宅配便を取るようで、とても便利だ。

　一方、携帯アプリの使い方に慣れていない人は、移動式朝食カーを利用しよう。キャンピングカーを改造したもので、毎朝、工業園区やオフィスビル、大型団地の周辺にやって来る。メニューは中華と洋食があり、栄養バランスに配慮して、お粥と煮卵、肉まんと豆乳、シューマイとミルクという健康セットが全て10元以下で販売されている。

　この他にも、上海ではスマート無人朝食カーやロボットが麺類を作るAI食堂等もあり、選択肢が豊富だ。

ミニ知識：

　日本では、食品の重さを測る時、kgを使うのが一般的だが、中国では焼き小籠包や麺を注文する時、「両」という特別な単位を使う。一般的に1両は約50 g で、焼き小籠包だと4個、小籠包は8個程度だ。

中国語練習：

1. 一両生煎。
   焼き小籠包を1両。
2. 打包帯走。
   持ち帰りで、お願いします。

24 缴费篇

主人公：芹泽智宣
沪　龄：11 年
场　景：邮局

在上海生活，令人感受最深的应该是手机支付了。不仅是购物、出行，就连缴纳水电费用，一部手机也能搞定，非常方便。不过，对初到上海的外国人而言，在还没有熟练使用手机支付前，往往会选择前往邮局和便利店缴纳水电等公用事业费。这天，本篇主人公芹泽来到邮局缴费。

芹泽：请问，哪个柜台能缴费？
工作人员：请去 1 号柜台。

芹泽：账单逾期了怎么办？

工作人员：需要去指定的营业厅办理。

芹泽：距离远吗？

工作人员：还挺远的。

芹泽：还有别的方法能办吗？

工作人员：手机上也可以。

芹泽：那太好了，能帮我操作一下吗？

工作人员：额，智能手机才可以。

芹泽：啊？我以为只要是手机就行。

  如果遇到账单过期未缴纳的情况，一般需要拿着账单，前往相应的公用事业服务点进行补缴。例如，电费逾期未缴，需前往指定的国家电网营业厅进行缴纳；水费逾期未缴，则需前往指定的自来水公司进行缴纳。如果因为某些原因没有及时收到账单，可拨打相应公用事业的客服电话进行咨询，同时可以提出再寄一份账单，待拿到账单后再缴纳。如因工作较为繁忙或其他原因无法进行线下缴费，一部智能手机就能完成上述操作。只需在应用程序中找到相应的版块，点击进入后选择缴费类型，输入缴费户号和对应金额，就能完成缴费。需要注意的是，不同的公用事业费所对应的缴费单位也有所不同，可以通过缴费账单或短信明确缴费单位，避免错缴漏缴。

  如今，虽然越来越多的人选择使用线上缴费功能，但还是有许多人无法熟练使用智能手机。对于这部分人群，可前往连锁便利店、邮政网点等办理缴费。

  早在近20年前，上海的便利店就已开展这一业务，但因为线上支付快速普及，加之水电气企业给线下渠道的结算费率又多年不变，部分线下代收点陆续停止了这项业务。

为了方便无法使用手机支付的人完成缴费，市政府办公厅，会同水电气公用事业单位、结算平台和线下渠道等共同协调，已在全市4400多家邮政、商超网点开通公用事业线下现金缴费渠道；浦发银行、上海银行和上海农商银行旗下743个网点全部支持现金缴费。

恢复线下支付，为的是让更多老年人在家门口就能缴上水电费，填平老年群体的"数字鸿沟"。这项服务也为许多初到上海、无法立刻使用线上缴费功能的外籍人士提供了更多便利。

小贴士：

1. 拿着账单到邮局或便利店缴费时，并非所有窗口或柜台都能办理缴费业务，可咨询柜员后前往能够办理缴费的窗口或柜台。
2. 账单上一般附有二维码，通过扫码可直接进入缴费页面，完成缴费。对租客而言，如果开通了每月自动缴费业务，搬家时切记及时办理"停止缴费"，以免造成不必要的损失。

中文练习：

1. 哪个柜台能缴费?
   どのカウンターで料金を払えますか？
2. 逾期了怎么办?
   支払い期限が過ぎているのですが、どうしたら良いですか？

公共料金編

主人公：芹澤智宣
上海在住歴：11年
場　所：郵便局

QRコードをスキャンして
映像を見よう

　上海での生活で最も便利なことのひとつにスマホ決済が挙げられる。買い物だけでなく、食事の支払い、水道や電気料金もスマホひとつで支払え、とても便利だ。しかし、上海に来たばかりの外国人にとってスマホ決済のハードルは少し高いので、郵便局やコンビニへ行き、水道、電気、ガス料金を支払いに行くことになるだろう。この日、本編の主人公、芹澤智宣さんは郵便局に行った。

芹澤：どのカウンターで料金を払えますか？
スタッフ：1番カウンターに行って下さい。
芹澤：支払い期限が過ぎているのですが、どうしたら良いですか？
スタッフ：それは指定営業所で手続きが必要です。
芹澤：遠いですか？
スタッフ：遠いです。
芹澤：他の方法はありますか？

スタッフ：携帯でも支払えますよ。

芹澤：それは良かった。操作して頂けますか？

スタッフ：スマホでしか払えませんよ。

芹澤：え?! ガラケーでも払えると思っていました。

公共料金の支払い期限が過ぎてしまっている場合は、一般的に請求書を持って管轄の営業所に行って支払うことになる。例えば、電気料金の場合は国家電網営業庁へ、水道料金の場合は指定の水道会社へ支払いに行かなければならない。また、何らかの理由で請求書が届いていない場合は、カスタマーサービスに連絡して請求書を再発行してもらおう。仕事が忙しい等の理由で郵便局やコンビニに行けない場合は、スマホの様々なアプリでオンラインで料金を支払える。アプリ上の支払いボタンをクリックしたら、どの料金を払うのかを選択する。そして、支払うべき営業所を選び、納付番号を入力し、金額を入力したら完了である。注意すべきなのは、公共料金の支払先は住所等によって異なるので請求書やメールで支払い先を確認しよう。

オンラインで公共料金を支払うのは便利だが、その一方でスマホでの支払いが苦手な人達は、公共料金を支払える郵便局や銀行へ行くことになる。

上海のコンビニは、およそ20年前に料金取り扱い業務を始めたが、オンライン決済が急速に普及する一方で取り扱い手数料が据え置かれたため、多くの店舗は取り扱いを止めてしまった。

これにより、オンライン決済が苦手な高齢者は不便を感じる人が増えていった。そこで、上海市は、このほど郵便局や銀行、コンビニでの現金取り扱いを復活させた。現在、市内4407カ所の郵便局やコンビニで現金支払いができる。また、

銀行も上海銀行、上海農商銀行等743カ所で支払える。

　コンビニや銀行の支払いが復活したのは、高齢者だけでなく外国人にとっても朗報だ。オンラインとオフラインが同時に利用できることは、老若男女を問わず幅広い人たちにとって大変助かる措置だ。

ミニ知識:

1. 郵便局や銀行に行って料金を納付する場合、取り扱い窓口がどこかフロアスタッフに尋ねてみよう。スタッフは、どの窓口で支払えるのか教えてくれる。
2. スマホ決済の場合は、請求書にQRコードが付いているので、このQRコードから支払いページに入り支払うことができる。

　一方、料金の自動引き落としを設定している人は、引っ越しする時に、この設定の解除を忘れないようにしよう。

中国語練習:

1. 哪个柜台能缴费?
   どのカウンターで料金を払えますか?
2. 逾期了怎么办?
   支払い期限が過ぎているのですが、どうしたら良いですか?

25 保险篇

主人公： 本多淳一
沪　龄： 8 年
场　景： 保险公司

日常生活中，为了规避风险，防范可能造成的损失，许多人会选择购买商业保险来应对疾病或意外风险。尤其是在异国他乡，我们更需要从方方面面保护好自己。随着上海的发展，越来越多的外籍人士来到这里工作、留学甚至定居。那么，如何才能在上海购买想要的保险呢？

本篇的主人公本多淳一前往保险公司进行线下咨询，并购买了一份意外险。

本多：你好，我想要买意外险。

工作人员：先看一下产品介绍吧。

本多：感觉不错，参保条件有哪些？

工作人员：有工作许可证和居留证就行。

本多：拘留证？我可是遵纪守法的好人！

工作人员：是居住停留的意思。

本多：原来如此，真是吓我一跳。

　　想要在中国购买商业保险，满足参保条件的同时，还需准备相应材料。其中，工作许可证和居留证是购买部分保险时的必要材料。以前，外籍人士购买保险的办理时间较长，如今，为了加大力度引进外国科技人才、创新创业人才、高技能人才，上海正在不断升级外籍人才的引进政策，加快对工作许可证和居留证等证件的办理速度。

　　在升级发布的"外国人来华工作许可'不见面'审批"4.0版里，针对用人单位聘请的外国科技人才，可参照外国高端人才在办理外国人来华工作许可时实施无犯罪记录证明"告知+承诺"制，加强事中、事后监管。同时，这一版中还将"持有国际通用职业技能资格证书或急需紧缺的技能型人才"的准入年龄放宽至70周岁。

　　目前，在沪工作的外国人超20万，占全国的23.7%，居全国第一。自2017年4月1日起，全国统一实施外国人来华工作许可制度。截至2021年2月底，上海共计核发《外国人工作许可证》27万余份，其中外国高端人才（A类）近5万份，占比约18%，引进外国人才的数量居全国第一。

　　随着政策的升级完善，预计未来将有更多外籍人才选择在上海就业。工作许可和居留证的办理越便捷，在上海办理购买保险

在内的各项事务也就越方便，为外籍人才的人身和财产安全增添了一份保障，让身在异乡的他们也能获得满满的安全感。不过，保险只是一种在发生风险后尽可能补偿经济损失的手段，还应根据自身情况进行选择，以便最大程度发挥作用。

小贴士：

外籍人士与本地居民购买保险的渠道基本一致，可通过线上和线下两种渠道进行购买。购买保险时，应注意产品是否允许外籍人士投保。部分保险的参保条件与国籍无关，而是以在境内的居住时长为条件，需要提供相应材料，例如：护照、工作许可证、居留证等。

中文练习：

1. 我想要买保险。
   保険を買いたいです。
2. 参保条件有哪些?
   保険購入の条件は何ですか？

保険編

主人公：本多淳一
上海在住歴：8年
場　所：保険会社

QRコードをスキャンして
映像を見よう

　海外で生活する人達は、日常生活でどのように自分を守ったらよいのか心配する人も多いのではないだろうか。そこで、多くの人はリスクを回避するために商業保険を買う。では、上海で保険に入りたい時、どうすればいいのだろうか？

　本編の主人公、本多淳一さんは、保険会社へ行って事故保険を購入した。

　本多：こんにちは。保険を買いたいです。

　スタッフ：はい、まず商品を紹介しましょう。

　本多：良いですね。購入条件は何ですか？

　スタッフ：就業許可証と居留証が必要です。

　本多：拘留証！私は法律を守る善人ですよ！

　スタッフ：拘留証ではなく、居住停留の意味ですよ。

　本多：そうでしたか、びっくりしました。

中国で保険を購入する時、購入条件に就労許可証と居留証

が要ることが多い。上海は、今、世界的な科学技術イノベーションセンターを目指して、優秀な外国人の招聘に力を入れている。そのため、就労許可証や居留証等の発行手続きのスピードアップを図っている。

　上海市は科学技術分野の優秀な外国人について、就労許可4.0版という新しい制度を適用した。例えば、労働許可証の発行手続きに必要な無犯罪証明は、手続き前ではなく、手続き中、または事後提出でも良いことになった。また、就労許可4.0版では国際職業技能資格証明書がある人材、または中国で不足している技能型人材の招聘に力を入れ、適用年齢も70歳まで引き上げられた。

　現在、上海で働く外国人は中国国内で最も多い21万5000人、全体の23.7％を占めている。2017年4月に外国人就労許可制度が全面施行されてから2021年2月末までに、上海で発行された「外国人就労許可証」は約27万件で、このうちハイレベル人材（A類）は18％に当たる約5万件と、全国1位の多さである。

　中国、特に上海市の人材政策は優秀な人材にとっては、とても有利な政策である。保険は彼らだけでなく、全ての人が自らの安全を守るために必要なものだ。保険は、リスクが発生した場合に可能な限り経済的損失を補償する手段であるため、自分の状況に合った保険を選んだ方が良い。

ミニ知識：

　　外国人と中国人が保険を購入する方法は、ほぼ同じで、保険会社の店頭かオンラインで買うことができる。ここ

で注意すべきなのは、外国人は全ての保険を買えるわけではない。例えば、パスポートや労働許可証を持っていることが条件だったり、国籍は問わないが中国国内に住んでいることが条件だったりと様々だ。

中国語練習：

1. 我想要买保险。
   保険を買いたいです。
2. 参保条件有哪些?
   保険購入の条件は何ですか？

主人公：山崎哲永

沪　龄：4 年

场　景：路边

　　身边突然有人倒地不起，该如何伸出援手？无论是中国人还是外国人，既然生活在同一座城市，遇到困难就要相互帮助，毕竟生命无价，分秒必争！某天，本篇主人公山崎哲永看到一位老人倒在地上，简单急救后，便叫了救护车。

山崎：医生，这里。

医生：老伯哪里不舒服？

山崎：头晕、手脚发麻、站不起来。

医生：初步判断是脑梗死，先吊水。

山崎：老伯青霉素过敏，还有糖尿病。

医生：知道了，这些信息都很重要。

山崎：送去华山医院吧，家属会在那边等。

医生：家属你都联系好了？太专业了！

　　看见倒地不起但意识尚存的患者，第一步不是扶他起来，而是确认身体状况。如果对方骨折，胡乱移动反而会导致伤口扩大或血管损伤。确认症状后，就要尽快拨打120急救电话，将患者状况和具体地址告知接线员，等待救护车的到来。

　　目前，上海每三万人配置一辆救护车，从接报到抵达现场，平均用时12分钟。在等待救援的过程中，如有可能，建议和患者简单交流，不仅能转移患者的注意力，缓解疼痛，还能让对方保持意识清醒，获得药物过敏史、亲友手机号等有助后续治疗的重要信息。

　　如果患者意识水平较低，就要根据《全科医生技能手册》里的急救方法，对无意识患者进行"四个确认"。

　　第一步，确认呼吸，打开患者口腔，取出假牙和残留食物，保持气道畅通；如果没有呼吸，立刻进行人工呼吸。

　　第二步，确认脉搏，如果触摸不到，很可能是心脏骤停，必须尽快使用AED（自动体外除颤器），使心脏恢复跳动。目前，上海已在机场、火车站、学校、公园、商场等公共区域，共计安装近3000台AED。近期，又在罗森的100家便利店推行AED设备的安装。如果遇到突发情况，可以前往这些场所借用AED开展急救。

　　第三步，确认出血，找到体外伤口和出血点，用绷带包扎止血。如果手头没有绷带，可使用口罩替代。

第四步，确认骨折，可用木板、树枝或硬纸板固定，防止身体移动造成二次伤害。

确认完以上四点，并实施相应的紧急处置后，即使意识不太清晰的患者，也能获得最大程度的院前救治。

小贴士：

1. 心脏骤停患者的抢救黄金时间为4分钟。1分钟内使用AED进行电除颤，患者存活率可达90%，4分钟内使用，患者存活率可达50%。
2. 疫情防控常态化之下，大家都会备个新口罩在包里，无菌口罩作为绷带用于止血非常合适。

中文练习：

1. 哪里不舒服？
   どこか具合が悪いですか？
2. 救护车马上就到。
   救急車はすぐ来ます。

主人公：山崎哲永
上海在住歴：4年
場　所：路上

QRコードをスキャンして
映像を見よう

　道で倒れた人を見かけたら、中国人でも外国人でも同じ都市で生活する者として助けることが望ましい。しかし、実際に、どのように助けたら良いのだろうか。以下の例文を参考にしてみよう。ある日、山崎哲永さんは、倒れている高齢者を見かけた。応急処置をした後に救急車を呼んだ。

山崎：先生、ここです！
医者：病人の具合は、どうですか？
山崎：眩暈、手足の痺れがあり、立ち上がれないそうです。
医者：脳梗塞の可能性が高そうですね。まず点滴を！
山崎：ペニシリンアレルギーがあり、糖尿病だそうです。
医者：分かりました。どれも大切な情報ですね。
山崎：華山病院へ搬送しましょう。家族はそこで待つそうです。
医者：家族にも連絡してくれましたか？すごいですね。

倒れて意識がある人を助ける第一歩は、身体を抱き起こすのではなく、身体の状況を確かめることだ。骨折や脳出血等場合、病人を動かすと症状を悪化させる恐れがあるからだ。症状を確認したら、120番に電話をかけて救急車を呼ぼう。病人の容態と具体的な場所をオペレーターに伝えれば、救急車を寄越してくれる。

　上海では、3万人当たり1台の救急車があり、通報から平均12分間で到着するそうだ。救急車を待つ間、病人の様子を見ながら簡単な会話をすることが望ましい。会話することで病人を落ち着かせることは痛みを和らげるだけでなく、相手の意識をはっきりさせ、薬のアレルギー歴や家族友達の携帯電話番号等の重要な情報も得られる。

　病人の意識レベルが低い場合は、救急救命の基本に則って次の4つのことを確認しよう。

　まず、呼吸の確認。口の中の入れ歯や食べ残し等を取り出して気道を確保する。呼吸がない場合は、すぐに人工呼吸を行うこと。

　二つ目は、脈の確認。脈が見付からない場合、心停止の可能性が高いため、一刻も早くAEDを使う処置が必要だ。現在、上海の空港、駅、学校、公園、ショッピングモール等の公共エリアに設置されたAEDは合わせて約3000台。最近ではローソンをはじめ、市内100軒のコンビニにもAEDが設置されている。緊急事態発生時、店内のAEDがすぐ使える。

　三つ目は、出血の確認。もし体のどこかに大きな傷口があったら、包帯を巻いて止血する。包帯がなければマスクを使おう。

　四つ目は、骨折の確認。体の移動による二次被害を防ぐため

に、板や枝、段ボール等の硬い物で骨折部分を固定する。

　呼吸、脈、出血、骨折。以上の四つを確認し、現場で、それなりの緊急処置さえできれば救命の確率は格段に上がる。

ミニ知識:

1. 心停止した人の救命は4分以内が望ましい。1分間以内に心肺蘇生術を施せば生存率は90%、4分以内では50%の命を救えるそうだ。
2. コロナの感染予防で新しいマスクが鞄にあれば無菌包帯として利用できる。

中国語練習:

1. 哪里不舒服?
　　どこか具合が悪いですか?
2. 救护车马上就到。
　　救急車はすぐ来ます。

27 特卖超市篇

主人公：近松晃子
沪　龄：1 年
场　景：特卖超市

大家平时经常去哪里购买零食和日用品呢？本篇的主人公近松晃子最常去的是像"好特卖"那样的特卖超市。这类店铺通常以特价出售临期商品。食品虽然临近保质期，但质量口感都没有问题，可以放心食用，既给消费者提供了实惠，也减少了不必要的浪费。

某天，近松晃子去了特卖超市。

近松：你好，可乐只有两瓶了吗？

店员：还有几瓶保质期只剩一个礼拜的。

近松：好的，我全都要了！

店员：买那么多，能在保质期内喝完吗？

近松：放心，喝不完我还能做可乐鸡翅、可乐排骨。

店员：真会过日子！

如果成为特卖超市的会员会被邀请进群聊，群里会第一时间发送补货通知，方便大家"买买买"。由于店内的商品价格时有浮动，下次购买时同样商品可不一定是相同价格哦，想买的话，建议当场拿下。实惠的价格很难让人不多买，所以，特大号的环保袋也是必备之物。

据说，临近保质期的商品中，食品类最受欢迎。这些临期食品除了在特卖超市里出售外，还有一个去处——"食物银行"。20世纪60年代，"食物银行"在美国诞生，理念是将"多余"的食物收集起来，再发放给需要帮助的群体。2014年，中国第一家"食物银行"在上海成立，7年"抢救"1000多吨即将浪费的临期食物，免费发放至100多万人次。目前，上海的绿洲食物银行已和239家企业达成长期捐赠关系，针对困难人群的不同需求，提供余量食物。

如今，食物银行已经走出上海，在北京、广州等五个城市相继落地。随着人们对"临期食品"接受度的提升，以及节约理念逐渐深入人心，"食物银行"将发挥更大的作用，减少"舌尖上的浪费"。

小贴士：

　　在中国，商品让利一般叫"打折"，日语说法是"割引"。但要注意的是，日语中"1割"代表的是"减去10%"，在中文里叫作"9折"。所以，100元的商品，"打九折"的情况下，不是减去90%，而是减去10%，最终售价为90元。需要特别注意哦!

中文练习：

1. 保质期
   消費期限
2. 打折
   割引

特売スーパー編

主人公：近松晃子
上海在住歴：1年
場　所：特売スーパー

QR コードをスキャンして
映像を見よう

　上海で安く菓子や日用品を購入するには、どこが良いのだ
ろうか。本編の主人公、近松晃子さんは、まず「ホットマッ
クス」のような特売スーパーを覗くそうだ。これらの店は消
費期限切れ間近の商品を安い価格で売っている。食品は賞味
期限が近いだけで品質や食感には問題が無い。消費者にとっ
ては価額が安く、食品ロスの観点からは環境にやさしい店と
言える。

　ある日、近松さんは特売スーパーへ行った。
近松：コーラは2本しかありませんか？
店員：消費期限まで1週間のコーラならあります。
近松：では全部下さい！
店員：こんな多く買って消費期限内に飲み切れますか？
近松：ご心配なく。飲み切れなかったらコーラ手羽先やコ
　　　　ーラ排骨を作ります。
店員：節約上手ですね！

特売スーパーの会員になると、グループチャットに招待され、入荷のお知らせが来るので便利だ。特売店の商品は、次に店に行った時に売っているとは限らないので、欲しいと思ったらすぐ買おう。また、多く買うことを想定してエコバッグも持っていこう。

　消費期限が迫った食品は、特売スーパーで売られる以外に別の用途もある。それは「食品銀行」だ。「食品銀行」は1960年代にアメリカで発足した。主な活動は、売れ残り商品や間もなく消費期限が来る食品、店の余剰食品等、まだ食べられるのに廃棄される食品を食品メーカーから無料で譲り受け、生活に困っている人等に配るサービスだ。中国では2014年から公益組織の上海緑洲公益発展センターの下部組織として活動が始まった。7年間で1000 t以上の賞味期限切れ食品を救い、延べ100万人に無料で配布した。現在、上海緑洲食品銀行は企業239社と長期的な寄付契約を結び、人々のニーズに合わせて食べ物を届けている。

　今、食品銀行は上海だけでなく、北京、広州等5都市でも活動している。食品の無駄を減らし、必要な人に食品を届ける。今後、こうした理念が人々の間にさらに浸透すれば、食品銀行は、より大きな役割を果たすことができるだろう。

ミニ知識:

　中国では、割引を「打折」という。日本では定価の「1割引」「10%引き・10%オフ」という言い方をするが、中国では一般的に「九折（9掛け）」と表示する。　例えば

1000円の物が「打九折」の場合は9割引きではなく、
10%オフの「9掛け」の900円なので注意が必要だ。

中国語練習：

1. 保质期
   消費期限
2. 打折
   割引

28 家电维修篇

主人公： 萩田晓美
沪　龄： 18 年
场　景： 家中

　　说起家用电器，大家最先想到的是哪款？电视机、冰箱、还是空调？作为日常生活的必需品，家电故障很让人为难。对于损坏的家电，考虑到成本和环保因素，比起更新换代，大多数人会选择修理。本篇的主人公萩田晓美正接受上门维修服务。

萩田： 冰箱不制冷了。
维修员： 我先检查一下。

萩田：需要帮忙吗？

维修员：帮忙拿个扳手。

萩田：给你。手电筒这样打光可以吗？

维修员：完美！看得清清楚楚，给我……

萩田：要榔头对吧？

维修员：你太懂行了。不会是同行吧？

萩田：No！No！No！我是护士，给医生递手术器械的那
　　　种，给！

　　家用电器都有使用年限，"超龄服役"存在安全隐患，中国
家用电器协会对此给出过科学建议。比如：家用冰箱可使用12
年，电视机、空调、电饭煲的期限都是10年，洗衣机、热水器、
吸尘器都是8年，笔记本电脑6年，电吹风4年，超过安全使用
年限，只要不出故障，继续使用无可厚非，但电视机的辐射会加
倍，洗衣机可能渗水漏电，各种隐患层出不穷。从安全角度考
虑，建议还是更新换代。相反，如果在安全使用年限里发生了故
障，则可以毫不犹豫地选择电话报修。

　　针对家用电器的适老化，中国国家市场监管总局发布的《适
用于老年人的家用电器通用技术要求》从2022年3月起实施，对
家电产品的设计制造提出了全新的技术要求。

　　比如，吸尘器等附带较长电源线的电器要有"防绊倒"设
计，新规建议将其连接方式从传统的插入式改为磁力吸附式，
脚部触碰后，就能立刻脱开，避免绊倒老人。另外，微波炉和
烤箱等带有门盖部件的家电，应做到单手即可打开，操作中应
避免大于90度的手腕或胳膊旋转。使用说明书也有全新规定，
字体、字号、颜色，都应易于老人辨识和理解，包装应能简便
开启。

小贴士：

1. 熨斗、剃须刀、电吹风等小家电可以拿到店铺修理；电视机、空调、洗衣机等大型家电又大又重，较难搬运，一般会申请上门维修。由于并非所有店铺都提供上门服务，电话报修时不妨提前咨询。
2. 报修电话接通后，建议尽可能详细地告知对方故障产生的前后经过及故障现象，方便店铺选择修理方法和上门时随身携带的配件及工具。

中文练习：

1. 提供上门服务吗？
   家に修理に来てもらえますか？
2. 需要帮忙吗？
   手伝いましょうか？

家電修理編

主人公：萩田暁美
上海在住歴：18年
場　所：家

QR コードをスキャンして
映像を見よう

　家電製品と言えば、何を思い出すだろう。テレビ？冷蔵庫？それともエアコン？どれも日常生活に欠かせない物なので、壊れた時は焦る人が多いはずだ。資源の有効利用を考えると、新しい物に買い替えるよりも修理する方が良い。本編の主人公、萩田暁美さんは、家電が壊れたので修理に来てもらった。

萩田：冷蔵庫が冷えなくなりました。

修理係：確認します。

萩田：手伝いましょうか？

修理係：スパナを取ってもらえますか？

萩田：はい。懐中電灯は、この角度で大丈夫ですか？

修理係：素晴らしい！よく見えますね。次は……

萩田：ハンマーが必要ですね？

修理係：あなたは実に要領を得ていますね。まさか同業者
　　　　ですか？

萩田：いいえ。私は看護士です。手術室で医師に道具を渡

す役目です。はい、どうぞ。

　家電を修理して長く使うことは望ましいが、家電にも耐用年数がある。耐用年数を超えて使うと、安全上に問題が出る場合がある。家電製品の耐用年数について、中国家庭用電気器具協会は科学的なアドバイスを発表した。例えば、冷蔵庫は耐用年数が一番長く、12年。テレビ、エアコン、炊飯器は10年。洗濯機、給湯器、電気掃除機は8年。ノートパソコンは6年。ドライヤーは4年。耐用年数を超えても故障が起こらなければ使い続けられるが、テレビは電磁波が大きくなったり洗濯機から水が漏れて感電する可能性が高くなったりする等、様々な問題が起こる可能性があるので、安全に利用する為には新しく買い換えることを推奨している。

　また、中国市場監督管理総局は2022年3月、「高齢者向けの家電製品汎用技術要件」という通達を出した。メーカーに対して家電製品のデザインと構造を高齢者が使いやすくするよう求めている。

　例えば、電気掃除機等長い電源コードがある物については、高齢者がコードに躓いて転ぶ恐れがあるので、本体とコードの接続部分を従来の挿入式から磁気接続式に変えるように指示している。磁気接続式は足がコードに触れると、すぐ本体とコードが外れるので高齢者が転ぶことを防げる。また、電子レンジやオーブン等、扉や蓋、引き出しがついた電気製品は、片手で開けられて、しかも手首と腕を曲げる角度を90度以内と定め、高齢者の骨折を防ぐ。取扱説明書にも制限が設けられた。文字のフォント、大きさ、色、どれも高齢者が見やすく理解しやすいものを選ばなければならない。また、包装を開ける時、両手

を同時に使わなければ開けられない包装は避けるべきだとして
いる。

ミニ知識：

1. アイロンや髭剃り、ドライヤー等の小型電気製品の場
   合、修理屋へ持ち込むのが一般的だ。逆にテレビやエ
   アコン、洗濯機等の大型製品は重くて運びにくいため、
   修理屋に家まで来てもらう。ただ、修理屋によっては
   訪問修理を受け付けない場合があるので、前もって電
   話で確認しよう。
2. 修理屋は依頼人の説明に基づいて修理方法を判断し、
   持参する道具と部品数を決めるため、修理を電話で依
   頼する時に故障内容をできるだけ詳しく伝えると修理
   がスムーズだ。

中国語練習：

1. 提供上门服务吗?
   家に修理に来てもらえますか？
2. 需要帮忙吗?
   手伝いましょうか？

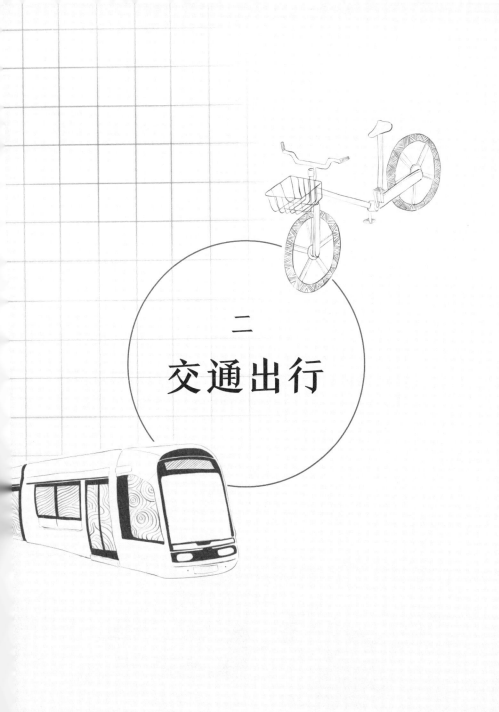

二

交通出行

打车篇

主人公：寺田暖子

沪　龄：3 年

场　景：路边

在上海出行，最方便的就是使用手机软件打车，美团和滴滴等多种软件任君选择。只需在手机上轻轻一点，输入自己的始发地和目的地，就能快速匹配到附近的司机，成功叫车。本篇的主人公寺田暖子就正在等待她的司机。

寺田暖子站在路边与司机通话。

司机：我到了，您在哪里？

寺田：我在马路对面，请掉头。

司机：好的。

司机：我快到了，请问您在哪里？

寺田：就在路边，看到我了吗？

（寺田坐上车后）

司机：请您系好安全带。

寺田：好的，安全第一。

打车时乘客最常遇到以下两种情况。一种是司机抵达定位的上车点后没找到乘客，打电话来确认上车位置。这通常是因为软件定位不够精确，司机抵达的很可能是乘客上车位置的马路对面，只需要让司机掉头即可。如果不熟悉自己所在位置，与司机沟通不便，可以找身边路人求助。上海人很热心，都会伸出援助之手。另一种情况则是司机已经抵达软件标注的上车地点，而乘客还没到或者正在前往途中。这时，司机会打来电话询问，确认上车位置是否准确，乘客告诉司机稍等片刻并尽快赶到就可以了。

不过，使用手机打车软件，对于老年人来说可能不太友好。为了方便老年人叫车，上海的街头巷尾出现了一件"打车神器"。2021年9月，上海市在各区200多处地点新增了出租车打车杆，只需按下杆上的按钮，就能通知附近的司机前来接送。2022年还加入了面部识别和自动呼叫等功能，进一步方便老年人用车。"打车神器"大多设置在医院等老年人常去的公共场合，从中也可以看到上海对老年人的关怀，这一举措也将帮助老年人享受城市发展中的"数字红利"。

小贴士：

1. 在上海打车不仅方便快捷，价格也非常实惠。
2. 虽然司机会等待顾客，但部分上车点无法长时间停车，尽量别让司机等候太久哦。上车后，在后排也要记得系好安全带，安全第一。

中文练习：

1. 我在马路对面，请掉头。
   私は反対側にいます。Uターンしてください。
2. 请稍等，我马上就到。
   少し待ってください。すぐに行きます。

タクシー編

主人公： 寺田暖子
上海在住歴： 3年
場　　所： 路上

QRコードをスキャンして
映像を見よう

　上海生活で便利だと感じることの一つに、スマホのアプリで
タクシーを呼べることが挙げられる。配車アプリは美団や滴滴
等いくつもあり、自分の出発地と目的地をアプリに入れるだけ
で、すぐに迎えに来てくれる。本編の主人公、寺田暖子さんも
アプリを利用してタクシーを呼んだ。

　寺田さんは、路上で運転手と電話中だ。
運転手： 着きました。どこにいますか。
寺田： 私は道路の反対側にいます。Uターンしてください。
運転手： はい。
運転手： もうすぐ着きます。どこにいますか？
寺田： すぐ行きます。ちょっと待ってください。
（乗車）
運転手： シートベルトを締めてください。
寺田： はい、安全第一ですね。

配車アプリを使う時、運転手は目的地に着く前に乗客の居場所を確認するために電話して来ることがよくある。自分のいる場所が反対車線の場合は「Uターンしてください」と言おう。運転手さんが言っている中国語がわからない時は、周りにいる親切な中国人に助けを求めよう。また、タクシーを自宅の下等に呼んだ場合、タクシーは到着したものの、自分はまだエレベーターの中にいるということもある。その時、運転手から「もう到着したが、どこにいるの？」という内容の電話がかかってくることがある。すぐに行くことを運転手に伝えて少し待ってもらおう。

　スマホが苦手な高齢者の中には、配車アプリを使ってタクシーを呼ぶのが難しい人もいる。その解決策として、2021年9月から市内約200ヶ所にタクシーを呼ぶ機械が取り付けられた。画面を操作すると、近くのタクシーを呼ぶことができる。2022年には顔認証や電話番号を入れるだけでタクシーが呼べる機械も登場した。病院等の高齢者が多い場所に設置されている。高齢者のデジタルディバイドを助ける取り組みだ。

ミニ知識：

1. 上海のタクシー料金は日本よりも安く、配車アプリもあるので便利だ。
2. 駐車違反の取り締まりが厳しいので、運転手を長い時間、待たせないようにしよう。また、安全のためにタクシー乗車時はシートベルトを締めるようにしよう。

中国語練習:

1. 我在马路对面，请掉头。
   私は反対側にいます。Uターンしてください。
2. 请稍等，我马上就到。
   少し待ってください。すぐに行きます。

30 驾照篇

主人公：原田宗纪
沪　龄：11 年
场　景：驾校

　　如今，越来越多的人会选择驾车进行短途旅行，考驾照的人数也在不断增长。上海每年的驾考人数居全国前列，其中，包括不少外籍人士。本篇的主人公原田宗纪就分享了他的最新经历。

原田宗纪正在与驾校教练对话。

原田：请问，多久能拿证?

驾校教练：两个月左右。

原田：我练得很勤，能再快点吗?

驾校教练：看来你对自己很有信心。

原田：当然，我每天用手机练车。

驾校教练：啊？原来是练车App。

　　现在，大部分考驾照的学员都选择使用模拟练习软件。不仅有各种各样的应用程序，驾照也变为电子版。电子驾驶证可以通过"交管12123"进行申请。自2021年9月1日起，北京、天津、上海等28个城市作为首批试点，开始推广电子驾驶证。电子驾驶证由正页和副页两部分组成，正页主要包括驾驶证基本信息、电子证生成时间、用于验证信息的二维码等内容；副页包括驾驶人住址、发证机关、驾驶记录等内容。电子驾驶证式样全国统一，与纸质驾驶证具有同等法律效力，还能实时查询交通违法记分等状态，非常方便。有了电子驾照，司机便无须随身携带纸质驾照，还能迅速查到扣分、罚款记录等情况，让人"心中有数"。

　　最后，希望所有拿到驾照的朋友遵守交通规则，安全出行。

小贴士：

1. 驾照考试分四个科目，科目一针对理论、科目二针对场地驾驶技能、科目三针对实际道路驾驶、科目四针对安全文明驾驶常识。每个科目都需要满足相应的学时要求，才能参加考试。如果没能通过考试，每个科目只能补考5次。

2. 如果你持有境外驾照，可前往车管所申请换领驾照。提交必要的文件（包括驾驶证申请表、体检表、护照、签证、境外驾驶证及其翻译件、居住地证明和证件照）后，即可参加科目一考试。考试合格后，一般都可发放中国驾照。

中文练习：

1. 有哪些科目？
   何の科目がありますか？
2. 多久能拿证？
   免許証はどの位の期間で取れますか？

運転免許編

主人公：原田宗紀
上海在住歴：11年
場　所：自動車教習所

QRコードをスキャンして
映像を見よう

　中国ではドライブを楽しむ人が増え、運転免許証を取る人が益々増えている。上海の免許証取得者数は全国でもトップクラスで、外国人にも門戸が開かれている。本編の主人公、原田宗紀さんは自分の経験をシェアする。

　原田宗紀さんは、指導員と話している。
　原田：免許証はどれくらいの期間で取れますか？
　指導員：2カ月前後です。
　原田：私は多く練習しているので、もっと早く取れませんか？
　指導員：随分自信がありますね。
　原田：もちろん！私は毎日スマホで練習しています。
　指導員：なるほど！練習シミュレーターアプリね。

　今、運転免許証を取る人の多くが練習シミュレーターアプリを活用しているそうだ。

また、免許証も2021年9月から電子免許証が登場した。取得するには交通管理12123というアプリから申請できる。

　この電子免許証は2つの部分から構成されている。メインページは主に運転免許基本情報、情報を検証するための二次元コード等が含まれている。サブページには、主にドライバーの住所登録機関や運転記録等が入っている。電子免許証のデザインは全国統一で、紙の運転免許証と同じ法的効力があり、交通違反の点数等の情報がリアルタイムで照会できる。紙の免許証を持つ必要が無く、罰金や減点も、すぐに調べられるので便利だ。

　この電子免許証は、2021年9月1日から北京、天津、上海等28都市で交付が始まり、2022年から全国で普及させる。

　最後に、運転免許証を取得した人は必ず交通ルールを守ろう。

ミニ知識：

1. 免許証取得に必要な科目は4つに分かれている。科目1は理論、科目2は実技、科目3は路上運転、科目4が安全運転常識である。各科目、また運転免許の種類によって受講する単位は決まっている。規定単位が取れたら試験を受けられる。試験に不合格の場合、各科目の追試は各5回までなので注意しよう。

2. 海外免許を持っている人は、車両管理所に行って免許証を書き換えられる。書き換えに必要な書類は、運転免許証申請書、健康診断表、パスポート、海外で取得

した運転免許証とその翻訳、それに居留証と顔写真である。必要書類を提出後、学科試験を受け、合格したら中国の運転免許証が交付される。

中国語練習：

1. 有哪些科目?
   何の科目がありますか？
2. 多久能拿证?
   免許証はどれくらいの期間で取れますか？

31 酒店篇

主人公：斋勇介
沪　龄：4 年
场　景：酒店

　　无论是出差旅行，还是疫情期间的入境隔离，相信许多外国人对中国的酒店已经不陌生了。本篇的主人公斋勇介将带来他在酒店的小故事。

　　在酒店办理入住时，他询问了关于网络使用的问题。

斋：请问，这里有Wi-Fi吗？

酒店前台：有的，欢迎光临，谢谢。

斋：谢谢，那用户名和密码是？

酒店前台：欢迎光临，谢谢。

斋：额，谢谢，可我想要用户名和密码。

酒店前台："欢迎光临，谢谢"这就是用户名和密码啊。

斋：啊！真是万万没想到！

　　随着万物互联时代的到来，智慧酒店正在不断涌现。在房间里，可以通过AI助手实现房门自动开闭、点播电视节目等，如果需要毛巾和牙刷，智能机器人会直接送至房间。

　　提到智慧智能，上海作为中国智慧城市首批试点城市，其发展成果正受到全世界的关注。首届"全球智慧城市博览会·上海"，计划于上海浦东新国际博览中心举办。这是"全球智慧城市大会"在亚洲地区唯一的落地项目，并计划今后每年在沪举办。

　　首届博览会规划展览面积2万平方米，国内外展商300余家，将重点展示：智慧城市建设中基础设施、城市管理与服务、新型制造业、信息服务和智慧交通等各个板块的新理念、新技术、新产品与新成果。同期，还将举办相关主题研讨会，收集和甄选中国优秀的智慧城市案例，参与全球智慧城市大奖角逐。"智慧酒店"作为"智慧城市"建设的生力军，未来会发展得越来越好，让全球旅客在上海的酒店住得更省心、更放心、更开心。

小贴士：

1. 办理酒店入住时，外籍人士除了需要提供护照外，还需填写《境外人员临时住宿登记表》。填写时，姓名必须与护照上保持一致。日本朋友的名字如果可以用汉字书写，

填写时建议使用汉字。

2. 在疫情防控常态化的背景下，入住酒店时一定要按照防疫要求，做好防护措施哦。

中文练习：

1. 几点能入住?
   何時にチェックインできますか？
2. 这有 Wi-Fi吗?
   ここに Wi-Fi はありますか？

主人公：斎勇介
上海在住歴：4年
場　所：ホテル

QRコードをスキャンして
映像を見よう

　観光や仕事、そして新型コロナの隔離でも上海を訪れた人が
必ず利用するのがホテルである。本編の主人公、斎勇介さんは
自分の経験をシェアする。

　斎勇介がホテルにチェックインした時、ネット利用について
質問した。

斎：ここにWi-Fiはありますか？

受付係：有ります。いらっしゃいませ、ありがとう。

斎：ユーザー名とパスワードは？？

受付係：いらっしゃいませ。ありがとう。

斎：はい、ありがとう。でも、ユーザー名とパスワードが
　　知りたいです。

受付係：これがユーザー名とパスワードです。

斎：え？これは予想外でした！

中国ではネットワークを利用した「スマートホテル」が

増えている。部屋の中ではAIアシスタントを使ってカーテンを開いたり、テレビを点けたりできる。また、タオルや歯ブラシを依頼すればロボットが部屋まで運んで来てくれる。

　スマートというと、上海は中国初の「スマートシティ」のパイロット都市に選ばれ「スマートシティ」の構築に力を入れている。第1回「グローバルスマートシティ博覧会・上海」が、2022年10月に浦東新区で開催される。この博覧会はアジアで初めて開かれるスマートシティの博覧会で、今後毎年、上海で開かれる予定だ。

　2022年の博覧会では、スマートシティのインフラ、都市管理とサービス、新型製造業、情報サービスとスマート交通等の各分野の新しい理念や技術、新製品が展示される。博覧会の展示面積は2万㎡、国内外合わせて300社余りが参加する予定だ。期間中、シンポジウムや発表会も開かれ、中国のスマートシティの優れた事例を集め、海外の賞レースへの参加を促すそうだ。「スマートシティ」の発展で「スマートホテル」も更に成長し、より安全に、より便利になるだろう。

ミニ知識：

1. チェックインする時、外国人はパスポートの提示以外に「宿泊登記表」を記入しなければならない。名前はパスポートと同じ表記で記入しなければならない。ただし、日本人の場合は漢字の名前があるので漢字で記入することもできる。

2. コロナ禍はまだ終わっていないので、ホテルを利用する時は必ずホテルの感染予防対策に従おう。

中国語練習：

1. 几点能入住?
   何時にチェックインできますか？
2. 这有 Wi-Fi 吗?
   ここに Wi-Fi はありますか？

32 高铁篇

主人公： 地案香奈子
沪　龄： 7 年
场　景： 高铁售票点

本篇的主人公地案香奈子和丈夫都酷爱旅游，夫妻二人一起去过中国的不少城市。比起飞机，他们更偏好铁路，因为铁路四通八达，而且准点率更高，让出行变得非常方便。此次她将带来实体售票点的购票体验。

地案：两张去重庆的票。

客服：具体时间有吗？

地案：下周一上午7点。

客服：座位呢？

地案：软座吧，要坐十几个小时呢。

客服：好，晚上6点半到达，记得吃重庆火锅哦。

地案：当然，车站隔壁，已经订好座了。

　　目前，购买火车票共有三种形式：网络、电话和实体售票点。其中，网络购票的用户最多，也最为方便。下载名为"铁路12306"的App，输入出发地、目的地以及护照或身份证信息后，就能开始预约；选择合适的出发时间后，就会进入选座页面；选完乘坐方式后，进入付费页面付款，整个网络购票就完成了。

　　不擅长使用智能手机的乘客可以选择电话订票。拨打电话12306，告诉客服目的地或车次，就能成功订票。为了方便乘客咨询和现金支付，上海各区还设有近100家实体售票点，提供面对面的现场服务。售票点的客服不仅能帮忙购票，还会推荐当地的美食或知名景点，非常热情。

　　近年来，中国高铁的乘车体验也越来越好，比如：为了提供安静的乘坐环境，铁路部门正在京沪、成渝等高铁线路上试点运行静音车厢。静音车厢设为每趟列车的三号车厢，车门和座位上都带有"静音"标识，提醒乘客关闭电子设备的外放功能，并全程保持安静。同时车载视频也被调成静音，车内广播的音量则降为普通车厢的40%。如果在静音车厢内想要接听电话，可前往车厢连接处。静音车厢的购票方式非常简单，登录手机App"铁路12306"，在购票界面勾选"静音车厢"即可，票价和普通车厢

相同。

　　给地案印象最深的改变是，有不少列车上还新增了自动售货机，供乘客自助购买饮料零食，还有宽敞的、方便轮椅进出的无障碍卫生间。如果近期有差旅计划，不妨试着体验一次。中国铁路的软硬件设施，包您满意！

小贴士：

　　如果带孩子一同出行，记得提前测量身高哦。中国铁路部门规定：身高不足1.2米的儿童可以免票；身高1.2米至1.5米的可购买儿童票；1.5米以上就要买全票了。

中文练习：

1. 硬座
   普通席
2. 硬卧
   普通寝台
3. 两张去北京的票。
   北京行きのチケットを2枚ください。

QRコードをスキャンして
映像を見よう

主人公：地案香奈子
上海在住歴：7年
場　所：駅の窓口

　本編の主人公、地案香奈子さんと夫は旅行が共通の趣味で、
これまで中国各地を一緒に旅してきた。地案さんが飛行機より
鉄道を利用するのが好きなのは、中国の鉄道は小さな町にも駅
があり、直接色々な所に行けるからだ。地案さんは駅の窓口で
チケットの購入経験をシェアする。

地案：重慶行きのチケットを2枚下さい。
販売係：いつのチケットですか。
地案：来週月曜日の朝7時です。
販売係：席は？
地案：十数時間も乗るのでグリーン席で。
販売係：はい。夜6時半到着です。重慶火鍋をぜひ食べてね。
地案：もちろん。駅の隣の火鍋屋、もう注文しましたよ。

　鉄道のチケットを買うには、ネット、電話、窓口という3つ
の方法がある。一番便利で良く使うのはネット販売だ。スマホ

の「鉄路12306」というアプリを使い、出発日と目的地、パスポート番号を入力すればチケットを予約できる。出発時間を確認したら、席を選ぶページに入る。席を選び、キャッシュレスで支払えるのでとても便利だ。

　一方、スマホが苦手な人はホットラインを使おう。12306に電話してオペレーターに目的地や乗りたい列車の番号等の必要情報を伝えればOKだ。さらに、電話やネットでチケットを買うのが難しい場合、窓口が便利だ。上海には約100ヶ所の窓口があり、対面式サービスを提供している。窓口の人は親切で、チケットの販売だけでなく目的地のグルメや観光スポットも教えてくれる。

　最近、中国の鉄道の乗り心地は、どんどん良くなっている。例えば、北京と上海、成都と重慶を繋ぐ高速鉄道には静かな乗車体験を味わえる「消音車両」が登場した。全列車の3号車は「消音車両」に指定され、携帯やノートパソコン等の電子機器はマナーモードに設定するようにドアと座席に注意書きが貼られている。また、車内で流される映像はミュートモードにされ、車内放送のボリュームも普通車両の40%に抑えられている。もし電話がかかって来た時や友達と話したい時は、列車の連結部分に行こう。この「消音車両」の予約方法は簡単だ。「鉄路12306」でチケットを予約する時に「消音車両」を選択すれば良い。値段は普通車両と同じだ。

　また、消音車両のほか、自動販売機がある列車も登場し、飲み物や菓子をいつでも買えるようになった。さらにバリアフリートイレも導入され、車椅子が入りやすい広さになっている。出張や旅行の計画があれば、ぜひ中国の鉄道を体験してみよう。

ミニ知識:

　中国の鉄道は、身長120 cm以下の子供は無料、120 cm ～ 150 cmの子供は子供料金。150 cm以上は大人と同じ値段になる。

中国語練習:

1. 硬座
   普通席
2. 硬卧
   普通寝台
3. 两张去北京的票。
   北京行きのチケットを2枚ください。

地铁篇

主人公： 福井祐介
沪　龄： 10 年
场　景： 地铁站

　　大家日常出行，在公交车、出租车和地铁中，选择最多的是哪种出行方式呢？对本篇主人公福井祐介来说，他会选择基本不会堵车且便利性较高的地铁。在上海乘坐地铁时，除了使用车票外，还可以使用交通卡、手机等多种支付方式。

　　这天，福井祐介无法出站，于是前往服务柜台询问工作人员。

福井：你好，不能出站了怎么办？

工作人员：这就帮您处理。

福井：谢谢。

工作人员：请问，您使用的是交通卡吗？

福井：是的。

工作人员：请把卡在这里读一下。

福井：好的，上海市公共交通卡。

工作人员：额，我是说让机器读取交通卡。

福井：哎呀！原来如此！好尴尬！

在上海，使用手机同样也能乘坐地铁，只需在手机上下载名为"Metro大都会"的App，完成认证并选择支付方法后，就可以用手机乘坐地铁了。除此之外，使用"随申码"同样也能坐地铁。现在，可识别"随申码"的新型检票机已在部分地铁站投入使用。

15号线吴中路站的每个出入口都已设置一台新型闸机，原先闸机上的二维码扫描位置设置在闸机端盖处，改造后移到了朝向乘客的竖立面上方位置。乘客只需将手机屏幕竖起，就能竖刷过闸。由于"随申码"采用交通部的二维码标准，要实现市民出行"一码通行"，必须对地铁站的闸机进行改造。

目前，上海地铁在轨交环城东路、一大会址新天地等10座车站的约40台闸机已开启试点，后续还将逐步对其他各站进行闸机改造，将来可以全线使用"随申码"乘坐地铁，出行也会越来越方便。

小贴士：

　　和日本一样，在上海乘坐地铁时，除了车票以外，还可以使用交通卡，交通卡可以在地铁站的服务柜台购买。购买时需要支付20元押金，退卡时可全额返还。

中文练习：

1. 我想要充值。
   チャージしたいです。
2. 不能出站怎么办?
   駅を出られないのですが、どうしたら良いでしょうか?

主人公：福井祐介
上海在住歴：10年
場　所：地下鉄駅

QRコードをスキャンして
映像を見よう

　上海には、バス、タクシー、地下鉄、様々な移動手段がある。本編の主人公、福井祐介さんは渋滞知らずの地下鉄を選ぶそうだ。上海の地下鉄は営業距離が世界で最も長く、都市の下を縦横無尽に走っている。その地下鉄の改札は、切符、ICカード、スマホと、いくつかの方法がある。

　この日、福井さんは地下鉄の改札口から出られなくなり、係員に尋ねた。

福井：すみません。駅を出られないのですが、どうしたら
　　　良いでしょうか？

係員：はい、お手伝いしましょう。

福井：ありがとうございます。

係員：ICカードをお使いですか？

福井：そうです。

係員：それではICカードをここに置いて読み込んでください。

福井：はい。「上海市公共交通ICカード」。
係員：あら、あなたが読むのではなくて、機械にカードを
　　　読み取らせるという意味ですよ。
福井：えっ、そうでしたか！お恥ずかしい。

　上海では、ICカードだけでなく、スマホを使って地下鉄に乗ることもできる。スマホに「Metro大都市」というアプリをダウンロードして認証を受け、支払い方法を登録すればQRコードを改札機に読み取らせることができるようになる。それ以外にも「随申碼」を使って地下鉄に乗ることができるようになった。

　「随申碼」が使える新しい改札機は、従来の改札機とは異なり、切符を入れる場所と同じ面に読み取り機が付いている。

　現在、環城東路駅、一大会址新天地駅等10駅に合計40台の新しい改札機が設置されている。今後は他の駅でも設置される予定だ。

ミニ知識:

　上海の地下鉄のICカードは日本のICカードと同じだ。ICカードは、地下鉄駅のサービスカウンターで購入できる。購入時、デポジットとして20元を支払うが、カード返却時に全額払い戻される。チャージできる金額は10元単位で、最高1000元までチャージできる。

中国語練習：

1. 我想要充值。
   チャージしたいです。
2. 不能出站怎么办?
   駅を出られないのですが、どうしたら良いでしょうか?

34 公交篇

主人公：青山红叶
沪　龄：2 年半
场　景：公交车上

身居国际大都市上海，每日出行时，能够选择的交通工具非常丰富。有些人享受驾驶乐趣，喜爱自驾；有些人追求效率，喜欢乘坐地铁。而本篇主人公青山红叶则更喜欢坐公交车出行，坐在车上，不仅能够仔细欣赏这座城市，更能通过车轮的转动，感受这座城市深厚的文化底蕴。

青山红叶曾有一次"紧急"的公交换乘经历。

青山：请问，买票应该怎么买？

司机：交通卡和扫码在这里，投币在那里。

青山：好的。换乘49路应该哪站下？

司机：南京西路下。

青山：还有几站呢？

司机：已经开过了，你坐反了。

青山：啊？那怎么办？

司机：下一站下车，再坐回去。

青山：到下一站要多久？

司机：不远，也就30分钟吧。

青山：啊？为什么要那么久？

司机：因为需要经过隧道，而且早高峰还堵车。

青山：完了！这下肯定迟到了！

为了更好地解决交通拥堵问题，保护城市生态环境，2022年，上海的一系列环保交通基础设施陆续上线。其中，首次用于商业运营的氢能源公交车率先亮相，在上海的嘉定、奉贤、金山三区试点运行。

和纯电公交车相比，氢能源公交车顶部有个氢能源储存装置，最后一排还装有氢能源反应堆，最后一排座椅的设计也根据这一特点有所调整。

为了适应氢能源公交的上路运行，相关方面还组织首批氢能源车驾驶员开展上岗培训。试驾后，驾驶员坦言：氢能源车没有顿挫感且起步较稳，对老人上车后的安全问题有比较好的顾及。

上海之所以试点氢能源公交车，主要考虑其具有加氢快、续航里程更长的特点，特别在天气寒冷、遭遇大降温的时候，相较纯电公交车，氢能源公交在诸如空调使用、长距离运营上更

具优势。氢能源车目前的设计指标续航里程，在一般路况下为400～450公里，而纯电动车仅为250～300公里。加氢每次约15分钟，和纯电动车比优势就更大了，纯电动公交车慢充一次，充满需要3至4小时。

首批试运行的氢能源公交预计在15辆左右。根据试点情况，上海将进一步扩大氢能源公交车的使用范围。

小贴士：

1. 进入移动互联网时代，乘坐公交的支付方式多种多样，除了投币和IC卡，还可以"扫码付车费"，只需打开"上海公交乘车码"或是"随申码"便可轻松完成支付。
2. "掌上公交""上海公交"等App不仅能为乘客提供便捷的换乘方式与路线，还能显示公交车的到站时间，帮助乘客合理安排出行计划。没有提前查询也不要紧，现在的公交站点都会显示每辆公交车的实时到站时间，以及该站能够换乘的线路，通过站点的电子站牌也能做到高效出行。

中文练习：

1. 车票怎么买？
   切符はどのように買えばいいですか？
2. 换乘应该哪站下？
   乗り換えるには、どこで降りますか？

バス編

主人公：青山紅葉
上海在住歴：2年半
場　所：バス

QRコードをスキャンして
映像を見よう

　地下鉄の駅が近くに無い場合、バスが便利だ。バスは街中を網の目のように走っている。本編の主人公、青山紅葉さんはバスに乗って外出するのが大好きだ。バスに乗ると、町の様子をゆっくり見られ、他の乗客と話すこともできるからだという。

　青山紅葉さんは、急いでバスを乗り換えたことがある。
青山：切符はどう買えばいいですか？
運転手：交通カードとスキャンコードは、あちらです。コインはここに入れて下さい。
青山：はい。49番に乗り換えるには、どのバス停で降りますか？
運転手：南京西路で降りて下さい。
青山：あと何駅ですか？
運転手：もう通り過ぎましたよ。逆方向です。
青山：え？どうしたら良いですか？

運転手：次の駅で降りて戻って下さい。

青山：その次の駅まで、どれくらいかかりますか？

運転手：遠くないです。30分位だね。

青山：え？なぜそんなに時間がかかりますか？

運転手：トンネルを通る必要があるし、渋滞しているからです。

青山：終わった！遅刻決定です！

　上海では、交通渋滞を減らして都市環境を良くするために、公共交通機関の利用を推進している。その為、様々な乗り物が登場している。上海の嘉定、奉賢、金山の3つの区では水素エネルギーバスが登場し、試験運行を始めた。

　バスの屋根に水素エネルギー貯蔵装置があり、最後尾に水素反応装置がある。バス設計時に後部座席を一番右側に集中させた。

　水素エネルギーバスの営業運行を控え、運転手は現場訓練中だ。運転手は水素エネルギーバスの走行はスムーズで、特に発進時が安定しているので高齢者にとって安全だと話している。

　上海で水素エネルギーバスが導入されたのはエネルギーの補給時間が短く、走行距離は長いという特徴からだ。特に寒さが厳しい時や気温が急に下がった時に水素エネルギーバスは電気バスよりも優れている。1回のエネルギー充填で、水素バスは一般的に400 ～ 450 km走行できるのに対して、電気バスは250 ～ 300 kmだ。また水素充填は1回15分間、電気バスの充電は1回約3 ～ 4時間もかかる。

　試験運行に投入される水素エネルギーバスは約15台で、試験結果によって導入する範囲を広げていく計画である。

ミニ知識:

1. 昔はバスの車掌が切符を販売していたが、その後、コインとICカードに変わった。今は「上海バス乗車コード」や「随申コード」をスキャンするだけで簡単にバスに乗ることができる。
2. 「掌上バス」、「上海バス」等のアプリで最も便利な乗り換え方法やルート、バスの到着時間を知ることができる。また、今はバス停にバスの到着時間と乗り換えが路線が表示されているので便利だ。

中国語練習:

1. 车票怎么买?
   切符はどのように買えばいいですか?
2. 换乘应该哪站下?
   乗り換えるには、どこで降りますか?

主人公：疋田美和

沪　龄：28 年

场　景：与民宿的通话

　　周末闲暇时，不少人都会选择外出郊游，去崇明岛赏花、去金山做年糕，或是去奉贤海滩垂钓，都是放松心情的绝佳选择。不过，因为这些地点距离市区较远，更适合两天一夜的短途游。这时，就建议预订民宿。民宿多由农家开设，既能体验乡间风情，又比酒店便宜不少，颇受欢迎。本篇的主人公疋田美和正在打电话预约民宿。

疋田：下周六晚，要两间大床房。

民宿主人：没问题，每间每晚300元。

疋田：OK！有什么体验活动吗？

民宿主人：摘草莓、喂羊驼、做稻草人。

疋田：我们报名做稻草人，四个人。

民宿主人：好，做完还能带回家哦。

疋田：可我只有一辆车，能装下四个活人和四个稻草人吗？

民宿主人：你想多了，我们做的是稻草人钥匙圈哦。

对许多游客来说，既然到了农村，就想尽情接触自然，到田里摘摘菜，去牧场喂喂牛，或是学做鲜花饼，体验各家民宿的精彩。

网上调查数据显示，最受中国住客青睐的民宿体验活动是蔬果采摘、农家菜和纪念品制作、以爬山和骑行为代表的自然观光。为了吸引住客，上海郊县的各家民宿都在开发独一无二的体验活动，比如：用长兴岛的木头拼搭玩具，在横沙岛烧制陶土，去金山海滩挖石头、画农民画等。

为了满足多元化的顾客群体，很多民宿会提供上门接送、搭建宠物小窝等各类贴心服务。如此，腿脚不便的老人和携带萌宠的主人也能享受返璞归真的田间生活。

民宿不仅在体验上持续完善升级，经营模式也在不断更新。为了打造规模优势，浦江镇新建两处大型社区，将232家农户迁入其中，闲置的民房则由政府租入，交由专业的建筑公司，改造成各具风格的民宿群。农民们坐收租金的同时，还能"回家"干份副业。这样一来，负责保洁和植物养护的夫妇可能同时是住宅的主人。厨艺好的农家，还能接手民宿的厨师工作。吴阿姨就是受惠的一分子，每到农闲时节，她就会到"老灶"民宿帮忙。这样既能回家看看，又能为住客烧一桌正宗的农家菜，每月还能"增收"四五千元。

目前，"集体改造、统一运营"的发展模式已在各个郊县推广开来，这一模式将带领民宿行业走上专业化发展的快车道。

小贴士：

1. 预订民宿时，除了住宿日期，还需告知房间数量和房型。房型一般分为四类：大床房、双床房、单人房和家庭房。中国的民宿和酒店一样，会配设较多的双人房，因为不少女生都会和闺蜜结伴出行，同住一间房，既能随时闲聊，又增加了安全性。电话预订时，别忘了确认房型哦。

2. 民宿多为郊外别墅，至少配有三五间客房，所以，和其他住客"同一屋檐下"的概率颇高。虽然卧室各自分开，但浴室、客厅、厨房等可能都是公共区域。如果对住宿体验比较在意，不妨提前确认其他住户情况，比如：是否有幼龄儿童，是否会入住众多毕业旅行的学生等。

中文练习：

1. 两间双床房。

   ツインベッドルームを2部屋お願いします。

2. 有什么体验活动？

   何か体験イベントはありますか？

民泊編

主人公： 疋田美和
上海在住歴： 28年
場　所： 民泊の予約中

QRコードをスキャンして
映像を見よう

　週末や休日、崇明島の花見、金山の餅作りや奉賢ビーチでの釣り等、上海市内から足を延ばせば色々なレジャーを楽しめる。しかし、都心部から少し離れているので、日帰り旅行ではなく1泊2日の小旅行がお薦めだ。その際、民泊に泊まってみてはいかがだろうか。民泊は普通の農家に泊まるので日常生活と違う雰囲気が体験でき、宿泊代もホテルよりずっと安いため、とても人気がある。本編の主人公、疋田美和さんは民泊のオーナーと電話中だ。

疋田：来週土曜日の夜、ツインベッドルームを2部屋お願いします。
オーナー：分かりました。1泊300元です。
疋田：OK! 何か体験イベントはありますか？
オーナー：イチゴ収穫、アルパカの飼育、かかし制作体験。
疋田：かかし制作体験に参加します。4人で。
オーナー：はい、完成品は持ち帰ってもいいですよ。

疋田：車1台で、4人と4つのかかし、乗れますかね？

オーナー：考えすぎですよ。かかしはキーホルダーですよ！

　農村に泊まることを選ぶ観光客は、自然との触れ合いを目的にしている人が多い。畑でカボチャを収穫したり、農場で牛に草を与えたり、地元の料理を作ったりと様々な体験ができる。

　ネット調査によると、中国の民泊で最も人気の体験イベントTOP3は、野菜と果物の収穫、郷土料理と土産の手作り体験、そして山登りやサイクリング等だそうだ。観光客を引き付けるため、どの民泊も独自の体験イベントを用意している。例えば、長興島の木を組み合わせたキツツキ、横沙島の陶芸、そして金山の石の農民画である。

　若い人だけでなく、高齢者や体の不自由な人等、様々な人に利用してもらえるように、最近は駅まで出迎えする民泊、ペット連れの人向けには専用の小部屋がある民泊も登場している。

　最近、経営方式も変わりつつある。民泊がより多く集客できるように、浦江鎮は大型団地を2ヵ所新設し、地元農家232世帯をそこに移転させた。農民達が元々住んでいた住居は政府が借り上げた後、建築会社に委託して民泊にリフォームする。農民たちは、宿泊料をもらえるだけでなく、その民泊でアルバイトすることもできる。

　例えば、清掃と植木の手入れ、料理が上手な人なら料理人として働く。このような働き方は、夜は自宅に帰ることができ、サラリーマンの収入とほぼ同額のひと月4000～5000元稼げるので歓迎されている。

　政府が統一管理する民泊は、すでにいくつかの郊外で運営され、今後、さらに普及していく計画だ。

ミニ知識：

1. 民泊を予約する時、利用日以外に部屋数と間取りの希望を伝えることも大事だ。一般的に4種類の部屋がある。大床房（ダブルベッド）、双床房（ツインベッド）、単人房（シングルルーム）と家庭房（家族ルーム）だ。中国の民泊はホテルと同じように双床房が多く設けられている。理由は、同性の友達と一緒に旅行する女性が多いからだ。1部屋に泊まれば、いつでも話ができるし、2人で宿泊する方が安全だからだ。

2. 郊外に建てられた民泊は、ほとんどが一軒家で、少なくとも3部屋ある。つまり、他の宿泊客と一緒に泊まる可能性が高いということだ。部屋は別々だが、リビングルームや浴室、キッチン等を共有することになるので、子供がいるかどうか、学生達の卒業旅行等ではないか等が気になる人は、予約時に確認した方が良い。

中国語練習：

1. 两间双床房。
   ツインベッドルームを2部屋お願いします。
2. 有什么体验活动?
   何か体験イベントはありますか？

36　公厕篇

主人公：山口隼平
沪　龄：3 年
场　景：商场

俗话说"人有三急"，出门在外，不知大家遇到内急时，是否会因为找不到厕所而感到焦急万分？这时，公共厕所的设置，就为众人解决了燃眉之急。本篇的主人公山口隼平就有过寻找公共厕所的经历。

山口：你好，请问附近有公厕吗？
前台：商场 2 楼就有。

山口：公厕里有纸吗？

前台：提供免费厕纸。

山口：公厕干净吗？

前台：大可放心，马桶每天都用清洁剂清洗。

山口：太好了！

前台：快去吧。

山口：谢谢。

虽说公共厕所在日常生活中可能并不起眼，但它却是城市基础设施的必要组成部分。如今，不仅是公共厕所，上海的母婴室也大幅增多。不仅是机场、火车站、公交站点，轮渡码头也开始配置标准化的母婴室。

上海还启动了全国首个"公共场所母婴设施电子地图"，已收录近700个母婴设施点信息。可通过"随申办"App查询母婴设施的具体位置，打开App后，点击"更多"，进入"更多服务"界面，在"婚育婴幼"里找到"母婴设施"，就能在地图上看到各个母婴室的点位信息。同时，还能点击界面右边的"查看列表"，了解母婴室的具体位置和开放时间。

随着时代的发展，公共厕所的使用方式和建筑设计都在不断改变。如今，公共厕所已兼有卫生整理、休息乃至审美、商业、文化等多种功能，体现的是人们生活观念和环境意识的不断进步。有句宣传语说"讲卫生，从我做起"，在疫情防控常态化的今天，做好个人卫生安全防护，保护的是自己，也是他人。

小贴士：

　　上海的公共厕所一般分布于商场、公园、地铁站等人流量较大的场所，寻找起来相对容易。部分公厕还会提供一些辅助用品和器具。例如，有些大型商场的公厕会提供一次性马桶圈垫、伞架、衣帽钩等，为前来购物的顾客带来便利。

中文练习：

1. 附近有洗手间吗？
   近くにトイレはありますか？
2. 洗手间里有纸吗？
   トイレットペーパーはありますか？

トイレ編

主人公：山口隼平
上海在住歴：3年
場　所：デパート

QRコードをスキャンして
映像を見よう

　中国語で「人有三急（人には3つの焦ることがある）」という慣用句がある。この「三急」は、いずれもトイレにまつわることだ。出先でトイレが見つからない時は困ってしまうことが多い。ある日、本編の主人公、山口隼平さんはデパートでトイレを探している。

山口：すみません、近くにトイレはありますか？

スタッフ：デパート2階にあります。

山口：トイレットペーパーはありますか？

スタッフ：ありますよ。

山口：そこはきれいですか？

スタッフ：ご安心ください。毎日、トイレマジックリンで掃除していますよ。

山口：よかった！

スタッフ：では、急いでどうぞ。

山口：ありがとう。

現在、上海にも親子で入れるトイレができ、オムツを替えたり、哺乳したりできる母子室へのニーズは益々高まっている。このため、上海市は、空港、地下鉄の駅、フェリー埠頭等の公共エリアで母子室を増設している。また、一般的な母子室より綺麗な母子室「愛のマミー小屋」の数は3000ヶ所を超えた。

　上海市は全国で初めて「母子施設電子マップ」を作り、現在約700ヶ所が掲載されている。「随申辦」アプリでも母子室の位置を検索できる。「随申辦」アプリの「公共サービス」から「母子施設」に入ると、地図で母子室の場所を探すことができ、利用時間も載っている。

　時の流れとともに、中国のトイレの使用方法と設計は変化している。現在、トイレは本来の用途から経済や文化の水準の高さを表す役割を担い、人々の生活観念と環境意識の進歩を表している。「衛生観念の実行は私から」という宣伝用語があるが、新型コロナの感染予防が常態している今、衛生に気を付けるのは自分を守るだけでなく、他の人も守ることになる。

ミニ知識：

　上海で、トイレはデパート、公園、地下鉄の駅等、人の流れが多い場所にある。使用頻度が高いため、頻繁に清掃されている。特にデパートのトイレは管理も良くてキレイだ。また、多くのトイレには補助器具が付いている。例えば、デパートのトイレには傘や鞄を掛けるフック等があり、買い物客にトイレを気持ちよく使ってもらえるようになっている。

中国語練習：

1. 附近有洗手间吗?

   近くにトイレはありますか?

2. 洗手间里有纸吗?

   トイレットペーパーはありますか?

天气预报篇

主人公：山田博影
沪　龄：12 年
场　景：雨具柜台

　　早晨出门时，您是否会犹豫要不要带伞呢？本篇的主人公山田博影从小就有随身带伞的习惯，虽然常被人嘲笑杞人忧天，但这个习惯在上海还真有用武之地。

　　这天，山田博影来到店铺买伞。

山田：有结实点的伞吗？

店员：这把长柄伞怎么样？

山田：像根拐杖，不方便携带。

店员：那这把折伞呢？伸缩自如！

山田：骨架太细了，不太抗风。

店员：要不买件雨衣吧，叠好就能塞进包里。

山田：穿雨衣走路有点不习惯啊！

店员：那我教你做晴天娃娃吧，祈祷永不下雨！

天气与我们的生活息息相关，甚至会对身心带来一定影响，所以，不少人都很关心天气预报。如果你是中国天气预报的"忠实观众"，就会发现一旦预测出大风、浓雾等较为严重的气象灾害时，电视屏幕的左侧会显示灾害预警，意思是该气象状态在未来6小时内的发生概率极高。灾害预警始于2007年，为了准确应对各类气象状况，这套预警信号还在动态调整。

比如，上海最新版预警信号中删去了沙尘暴、干旱、臭氧，追加了市民关注度高的低温预警信号，总数减少至13类，包括台风、暴雨、暴雪、寒潮、大风、低温、霜冻、高温、雷电、冰雹、大雾、霾和道路结冰。

此外，预警信号的启动门槛也有所调整。比如，暴雨预警信号，从1小时降雨量35毫米以上，提高到50毫米以上。原因在于，近年来，城市防汛能力已大幅提升。

据上海中心气象台统计，至今发布次数最多的三个信号，分别是雷电、暴雨、高温。

和与上海仅一海之隔的日本九州岛相比，上海的台风天并不多。这主要是因为上海海拔较低、海岸线较短，又处在北纬30度低纬环流和中纬环流的分界点上，这样一个特殊的地形位置让台风很难靠近，所以上海也被称为"拥有结界的魔都"。当然，虽然台风天不多，上海却经常下雨，出门前，一定记得收看天气预报哦。

小贴士：

　　和日本一样，中国的天气预报通常也在新闻后播出，主要包括四项内容：地名、日期、气象状态、气温范围。四项内容里最重要的是气象状态，如晴、雨、阴等。

中文练习：

1. 晴
   晴れ
2. 雨
   雨
3. 大风
   強風
4. 浓雾
   濃霧

天気予報編

主人公：山田博影
上海在住歴：12年
場　　所：傘専門店

QRコードをスキャンして
映像を見よう

　朝、空を見て傘を持っていくか否か、迷ったことがあるだろう。本編の主人公、山田博影さんは小さい頃から傘を持ち歩く習慣があり、他の人から心配性だと言われ続けてきたが、この習慣が上海で役に立ったそうだ。

　この日、山田博影さんは傘専門店へ行った。
山田：丈夫な傘はありますか？
店員：この長柄の傘はどうですか？
山田：杖のようで持ち歩きにくいですね。
店員：この折り畳み傘は？小さく畳めますよ。
山田：骨が細すぎて風に弱いでしょう。
店員：レインコートは？畳むと鞄に入れやすいですよ。
山田：レインコートを着て歩くのは恥ずかしいですね。
店員：それなら照る照る坊主の作り方を教えましょう。ずっと雨が降らないように祈りましょう。

天気は私たちの日常生活に深く関わり、気分や体調にも影響を与えるので、毎日、天気予報を見る人は多い。テレビの天気予報の画面の左側には災害警報が表示されている。いずれも「6時間以内に起きる可能性が高い気象変化」を報じる。災害警報は2007年に導入され、このほど内容が更新された。

　これまで発生したことがない砂嵐、干ばつ、光化学スモッグ等の項目が削除された一方で、新たに低温警報が追加された。その結果、新しい災害警報は、台風、大雨、大雪、寒波、強風、低温、霜、高温、雷、雹、霧、もや、それに路面凍結の13項目になった。

　また、警報を発表する基準も見直された。例えば、大雨警報の発令基準は、1時間の降水量35mm以上から50mm以上に引き上げられた。その理由は上海の洪水防止能力が昔よりずっと高くなったからだ。

　上海中心気象台の統計によると、今まで最も多く発令された災害警報のTOP3は雷、大雨と高温である。

　また、上海は、海を隔てた日本の九州に比べて台風が少ない。これは上海は標高が低く、海岸線が短く、北緯30度付近を通る低緯度環流と中緯度環流の境目にあるという恵まれた場所にあるためである。台風が近づきにくいため、上海は「結界を持つ魔都」とも呼ばれている。台風は多くないが、雨が多い上海。山田さんの心配性は上海にはぴったりのようだ。

ミニ知識：

　中国の天気予報も日本と同じようにニュースの最後に放送する。予報内容は、地名、日付、天気、気温の4つの要素からなっている。

中国語練習：

1. 晴
   晴れ
2. 雨
   雨
3. 大风
   強風
4. 浓雾
   濃霧

38 泊车篇

主人公：加纳和夫
沪　龄：6 年
场　景：停车场

近年来，中国的汽车市场规模持续增长，已成为全球最大的汽车产销地之一。截至2021年，上海的机动车保有量为500万辆。由于人口密度较高，城市空间"寸土寸金"，上海为了解决城市停车难问题下了不少功夫。智能化、无人化停车位和共享停车位等设施及服务也应运而生。某日，本篇的主人公加纳和夫来到了停车场。

车主：你好，还有车位吗？
保安：你运气好，刚好只剩一个了！

车主：太好了，我忘记用"上海停车"提前预约了，下次一定记得！

保安：离开时记得扫码付费。

（看看车内）

保安：那个毛茸茸的是你的宠物吗？

车主：那是我的除尘掸！你看。

保安：哇，还能伸缩啊？能借我擦一下保安亭的灯吗？

车主：当然可以啦！

（擦拭后）

保安：整个保安亭都亮了呢！

　　为了在有限的城市空间内建设更多停车场，近年来，上海出现了各种各样的立体停车场。例如：一幢利用大楼与大楼间狭窄空间建起的垂直立体停车场，共计10层，占地面积仅20平方米，每层可以停2辆车，总共20辆车。司机只需把车停在升降板上熄火下车，汽车就会被自动升降并停放至平台。由于升降板可以上下左右移动，这也被称为"摩天轮立体停车场"。

　　此外，从2021年起，上海还推出了共享停车场项目。使用"上海停车"手机软件，就可根据周边停车场的空闲时间、地点、价格进行一键预约。而且，只要事先付费，就可以在期限内无限次存取车辆。"上海停车"软件除了支付停车费、预约停车等功能外，还能提供目的地周边的停车场、出入口位置、驾驶路线、停车场空闲情况等信息，非常智能。

　　目前，上海的停车场主要使用扫码支付。出库时，使用微信或支付宝扫描二维码，根据屏幕提示输入车牌号，就会根据入库时记录的信息显示应缴停车费金额。支付费用后闸口就会自动打开，方便车辆出库。

针对城市有限空间，上海还开始试点新型"沉井式"停车库，即利用垂直盾构向下挖深的立体车库，具有占地面积小、空间利用率高的特点。比如，普通地面停车场如果要停200辆车，至少需要6000平方米左右，而同样能停200辆车的"沉井式"停车库，只需要300平方米。预计到2025年，包括新型"沉井式"停车库在内，上海市小客车泊位将达650万个。这样既节省城市空间又充满科技感的便利停车场，着实让人期待。

小贴士：

摩天轮立体停车场的使用费用一般为每小时6元（约100日元），较每小时平均收费10元的地面停车场更加便宜。另外，摩天轮立体停车场的全天收费上限一般为48元（约800日元），如果停车8小时以上非常划算。

中文练习：

1. 车位
   駐車スペース
2. 扫码付费
   QRコード決済

駐車編

主人公： 加納和夫
上海在住歴： 6年
場　所： 駐車場

QRコードをスキャンして
映像を見よう

　近年、中国の自動車市場は急成長し、世界最大規模になった。このうち、上海の車両登録台数は2021年現在で500万台に達した。上海は人口密度が高いために駐車場の確保が難しいが、駐車難の解決に工夫を凝らしている。例えば、スマート化、無人化された駐車スペースやシェアリングサービスが登場している。ある日、本編の主人公、加納和夫さんは駐車場へ行った。

加納： 駐車スペースは有りますか？
係員： 運が良いですね。最後の一つですよ。
加納： やった！「上海停車」アプリで事前予約を忘れてしまって。次回は必ず事前予約します！
係員： 出庫時はQRコード決済でお願いします（車の中を見て）あのふわふわした物はペットですか？
加納： 車の埃取りワイパーですよ。ほら！
係員： わあ！伸縮できるの？係員室の灯を拭きたいので貸

　　　　してもらえますか？

加納：もちろん！

係員：（拭いて）係員室が明るくなりました！

　上海では駐車場不足の問題を解消するため、様々な立体駐車場が登場している。例えば、ビルの間の狭い空間を縦に使う垂直立体駐車場。ある立体駐車場は10階建てで、敷地面積は20 m²。平面だと2台しか駐車できないが、立体駐車場だと20台停められる。運転手はパレットの上に駐車後、エンジンを止めて車から降りる。その後、車は自動的に運ばれていく。パレットは上下左右に動くので、「観覧車」立体駐車場とも呼ばれる。

　また、2021年には上海市で駐車場をシェアするプロジェクトが始まった。「上海停車」というアプリを使うと、周辺の駐車場の空いている時間帯、場所、価格をワンタッチで選んで契約できる。そして、事前に「駐車料金」を支払うと、契約期間内は何度でも車を出し入れできる。「上海停車」アプリは駐車料金の支払い、駐車予約等の機能のほか、目的地周辺の駐車場や出入り口の場所、行き方や駐車場の空き状況等がわかるスマートアプリだ。

　また、上海の駐車場は主にQRコード決済で料金を支払う。一般的には出庫する時、ウィーチャットやアリペイで駐車場の入り口にあるQRコードをスキャンし、画面表示に従って車のナンバーを入力すると、入庫する時に記録された情報に基づいて利用料金が表示される。料金を支払うとゲートが開いて出庫できる。キャッシュレスが普及している中国では、駐車料金だけでなく、他のサービスや買物も電子決済になっているので非常に便利だ。

さて、話は戻るが、都心部の空きスペースを活用するため、今、上海初の「水平循環式」駐車場を作る検討が行われている。「水平循環式」駐車場は、垂直シールドを利用して地下に深く掘られた立体駐車場のことで、敷地面積は小さく、空間利用率が高いのが特徴だ。例えば、一般的な地上駐車場は200台駐車するために少なくとも6000 m^2 の広さが必要だが、「水平循環式」だと300 m^2 で十分だ。「水平循環式」を含め、上海市の駐車場は、2025年までに650万台分に達する見込みである。都市空間を最大限に活用する未来の駐車場が楽しみだ。

ミニ知識：

　「観覧車」駐車場の利用料金は一般的に1時間6元（約100円）で、平面駐車場の平均1時間10元に比べて安い。また、1日の料金上限は48元（約800円）なので、8時間以上停める場合はお得だ。

中国語練習：

1. 车位
   駐車スペース
2. 扫码付费
   QRコード決済

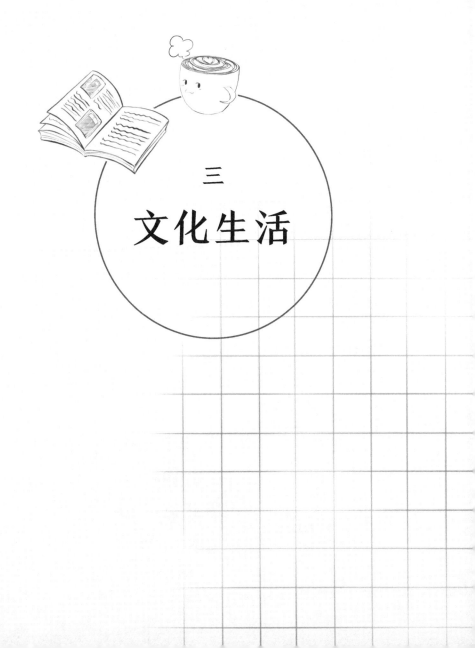

三

文化生活

39 咖啡篇

主人公：山口英德

沪　龄：10 年

场　景：咖啡馆

　　从19世纪开始进口咖啡，到21世纪咖啡产业飞速发展，上海已跃居为全球咖啡馆总数最多的城市。截至2021年4月，已有超过8000家咖啡馆遍布上海的大街小巷。无论是忙里偷闲的上班族，还是想要提神醒脑的学生族都能在咖啡馆中度过自己想要的美好时光。本篇的主人公山口英德就是个地道的"咖啡发烧友"。

　　这天，山口英德来到了咖啡馆。

店员：您好，请问喝点什么？

山口：一杯冰拿铁。

店员：中杯还是大杯？

山口：我要超大杯，请换脱脂奶。

店员：好的，还需要别的吗？

山口：不用了，就这些。

店员：打包还是在这里喝？

山口：就在这边喝吧。

店员：好的，请稍等。

在上海市中心，平均每500米就能看到几家咖啡馆。除了大家耳熟能详的品牌外，还有不少跨界"新人"。近日，一些上海本土品牌也开始大胆尝试制作创意咖啡，吸引了众多年轻顾客前去打卡。

深受上海市民喜爱的邵万生是主打糟醉和腌腊食品的百年老字号。最近，店内也开始推出创意咖啡，最受瞩目的是三款特调咖啡："屋里厢""老克勒"以及"上海姑娘"，这些都是让人倍感亲切的上海话，光听名字就能感受到十足的"海派味"。

历史悠久的老字号跨界做咖啡，让人在品味咖啡的同时，还能体验独有的老上海风情。同时，上海不断成长的咖啡市场也吸引越来越多的国际品牌入驻，让咖啡文化逐渐渗透到人们的日常生活中。

小贴士：

1. 咖啡馆一般提供三到四种型号的咖啡杯，比如小杯、中杯和大杯。有些店还会提供超大杯。每家咖啡馆杯型的

容量有所区别。店家会在收银台摆出各种杯型并标注容量，方便顾客根据杯子的大小选择想要的杯型。即使是外国顾客，无须使用汉语，用手一指就能轻松点单了。
2. 很多人喝咖啡时，喜欢加入牛奶和方糖。如果不希望摄入过多脂肪的话，可以选择脱脂奶。

中文练习：

1. 我要超大杯。
   LLサイズをお願いします。
2. 请换脱脂奶。
   脱脂ミルクに変えてください。

コーヒー編

主人公：山口英徳
上海在住歴：10年
場　　所：コーヒーショップ

QRコードをスキャンして
映像を見よう

　ここ数年、上海を中心に中国では急激にコーヒーショップが
増えた。2021年4月現在、上海には世界の都市で最多の8千軒
を超えるコーヒーショップがある。忙しいサラリーマンや学生
の姿をよくコーヒーショップで見かけるが、本編の主人公、山
口英徳さんもコーヒー愛好家だ。

　この日、山口英徳さんはコーヒーショップに行った。
店員：こんにちは。ご注文は？
山口：アイスラテをお願いします。
店員：Mサイズですか、Lサイズですか？
山口：LLサイズをお願いします。脱脂ミルクに変えてくだ
　　　さい。
店員：はい、他に何かありますか？
山口：いいえ、これで大丈夫です。
店員：ここで飲みますか？テイクアウトしますか？
山口：ここで飲みます。

店員：はい、少々お待ちください。

　上海の都心部では500ｍも歩けば、いくつものコーヒーショップを見つけられる。コーヒーショップには、よく知られるブランドの他にも業界の枠を超えたブランドがたくさんある。上海のローカルブランドはアイデア豊富なコーヒーを発売し、多くの若い客を引きつけている。

　上海で人気のある邵万生は、お酒を使った漬物で百年の歴史を持つ老舗店である。邵万生は、あるコーヒーブランドとコラボしてコーヒーショップを開いた。最も注目を集めているのは「屋里厢」、「老克勒」、「上海姑娘」の3種のスペシャルコーヒーで、ネーミングはいずれも上海語だ。

　コーヒーと伝統が融合した新商品を飲みながら上海文化を感じることは素敵なことだ。上海のコーヒーは、ますます多くのブランドや起業家たちを引き付け、人々の生活に浸透している。

ミニ知識：

1. コーヒーショップには、独自のカップサイズがある。一般的にはS・M・Lだが、店によっては、さらに大きいサイズもある。レジ横にカップの見本が置いてあるので、見本を指さして注文することもできる。
2. コーヒーは、好みによってミルクや砂糖の増減、ミルクを脱脂ミルクに変えることができる。

中国語練習：

1. 我要超大杯。
   LLサイズをお願いします。
2. 请换脱脂奶。
   脱脂ミルクに変えてください。

40　图书馆篇

主人公：福岛智惠
沪　龄：9 年
场　景：图书馆

　　在沪日本人去图书馆时，有的担心汉语沟通问题，有的被借阅流程吓到，但作为图书馆的常客，书迷福岛智惠想告诉大家：在上海，借书可方便了！

　　这天，福岛智惠来到了图书馆。
福岛：你好，我想借日语书。
管理员：是想学日语吗？
福岛：不是。我就是日本人，想看原版书。

管理员：什么类型的呢？

福岛：日本漫画。

管理员：不会想借《哆啦A梦》吧？

福岛：Bingo（是的）。

去上海的图书馆借书需要办理读者证，读者证有两种功能：普通外借和参考外借。两者的区别在于借阅范围和押金，普通外借只需100元押金，可借近3年内出版的大部分中文书。如果想要借3年前出版的中文或外文书，则需开通参考外借功能，需要额外支付1000元押金。图书馆典藏丰富，无须购买即可大量阅读，押金的性价比还是非常高的。而且，为了满足读者的多元化需求，图书馆还推出了各种新举措。比如，新冠疫情期间，为减少大家的出行，各图书馆都免除了逾期费，让大家有更多的时间，细细品读，从容返还。此外，图书馆还为年轻读者专门开辟了电子书的借阅服务。

上海各大图书馆的智能化升级正稳步推进。疫情发生至今，电子书的借阅总量，较往年增加了近三倍，还催生了不少个性化服务，比如：依靠大数据统计，向读者推荐相同分类中的相关书籍，既节省了搜索时间，又激活了数字资源。

此外，随申码也已广泛应用到了借阅流程的各个环节，不仅可以替代预约码，还能当作读者证使用，读者可在平台上享受借书、阅览、检索、咨询等一系列服务。从亮码到打印凭条，借书过程不到半分钟，方便快捷。未来，随申码读者证将逐步覆盖到上海所有的公共图书馆。

中国第十八次国民阅读调查显示，2020年成年国民的综合阅读率达81.3%，数字的背后折射出中国阅读生态的蓬勃发展，图书馆提供的各类服务功不可没。

小贴士：

1. 外国人办读者证时，除了护照外，还需同时出示上海市长期居住证。
2. 如果你有想借的书，可以直接咨询图书管理员，他们会热情地教你如何使用系统查询对应书籍。无论中文书还是外文书，常规的借阅期限都是一个月，但有一次续借机会，可续读一个月，超过期限就要支付逾期费了。

中文练习：

1. 我要办读者证。
   利用者カードを作りたいです。
2. 我想借日文书。
   日本語の本を借りたいです。

主人公：福島智恵
上海在住歴：9年
場　所：図書館

QRコードをスキャンして
映像を見よう

　外国人にとって、図書館は係員とのやり取りや借りたい本が
どの書棚にあるのか探すのが大変かもしれない。しかし、読書
好きで図書館を良く利用する福島智恵さんは「上海で本を借り
るのは便利だ」と話す。

　この日、本編の主人公、福島智恵さんは図書館に来た。
福島：こんにちは。日本語の本を借りたいです。
管理員：日本語を学ぶためですか？
福島：いいえ、私は日本人です。日本の本を読みたいので
　　　す。
管理員：どんな種類の本ですか？
福島：日本のマンガです。
管理員：もしかして『ドラえもん』を借りたいのですか？
福島：Bingo！

上海の図書館の利用者カードには、一般的に二つの機能が

ある。一般貸出と参考貸出だ。両者の違いは借りられる本の種類と保証金の金額だ。一般貸出は過去3年以内に出版された中国語の本をほとんど借りることができ、保証金は100元だ。一方、参考貸出は3年以上前に出版された中国語の本や洋書を借りられ、保証金は更に1000元追加しなければならない。全ての保証金はカードを解約する際に返金される。

　現在、読者の多様なニーズに応えるため、図書館は様々なサービスを始めている。例えば、新型コロナの影響を考慮し、上海のすべての図書館は延滞金を免除していた。また、コロナ禍で、上海の主な図書館の電子書籍の貸出量は以前と比べて約3倍に増えた。これに応じて個人向けの電子書籍サービスが追加された。このサービスは推薦アルゴリズムで、読者の好みに合わせて同じカテゴリーの電子書籍を推薦してくるので本を探す時間が省ける。

　さらに、「随申碼」は図書館の予約コードの代わりや利用者カードとしても使えるようになり、貸出から閲覧、検索や相談等一連のスマートサービスに直結する。「随申碼」のスキャンから証明書の印刷まで、貸出手続きはたった30秒で完了する。将来、「随申碼」の利用者カード機能は、上海市内のすべての公共図書館をカバーするよう期待されている。

　さて、2020年「第18回中国国民読書調査」によると、本や雑誌、新聞等を読んだ成人数は81.3%で、1人当たりの年間で読本数は4.7冊だった。図書館は良好な読書環境を提供するために、今後も行き届いたサービスを提供してくれそうだ。

ミニ知識:

1. 外国人が利用者カードを申し込む時、パスポートと有効期限が1年以上ある上海居留許可証を提出する必要がある。
2. 図書を借りたい時に、少ない労力で大きな成果をあげたいなら、直接に係員に聞いてみよう。彼らはきっと喜んで対応してくれるはずだ。検索システムの使い方をはじめ、一から十まで本の借り方を教えてくれる。中国語の本でも外国語の本でも貸出期間は1ヶ月間で、返却期限の延長は1回だけ1ヶ月間延長できる。期限までに返却しなかった場合、延滞料を支払わなければならない。

中国語練習:

1. 我要办读者证。
   利用者カードを作りたいです。
2. 我想借日文书。
   日本語の本を借りたいです。

41 观展篇

主人公：末广英三朗
沪　龄：3 年
场　景：展览会场

　　近年，上海部分博物馆和美术馆都延长了开放时间，以便为更多市民提供独特的夜间参观体验。节假日期间的夜场参观较多，例如，上海博物馆假期的夜场开放时间为周五晚六点至九点，浦东美术馆则在周四、周五和周末，延长开放至晚九点。近日，本篇主人公末广英三朗就感受了一次"博物馆奇妙夜"。

　　末广：你好，请问今天什么时候闭馆？
　　工作人员：一小时后闭馆。

末广：有外语导览吗？

工作人员：导览员正好在里面讲解。

末广：但我想从头开始听啊。

工作人员：今晚的夜场还会提供的。

末广：太好了，那我晚上再来。

上海是世界金融中心之一，同时也是一个艺术之都。上海大大小小的艺术场馆数量众多。例如：由著名建筑师设计的世界级美术馆——浦东美术馆，以及由中国领先的当代艺术机构打造的 UCCA Edge 等，都是 2021 年全新建成、开放的艺术地标。这些艺术地标不仅为上海注入了新的文化活力，也吸引众多国内外的艺术家来沪办展。各类展览异彩纷呈，让看展成为在沪生活的"新常态"。

考虑到疫情，上海的部分美术馆会与国外的相关机构合作举办重量级艺术展，让大家足不出"沪"就能近距离欣赏国外的大师级作品。例如：上海外滩东一美术馆与卡拉拉美术学院合作举办的意大利卡拉拉学院藏品展，展品均为学院的馆藏珍宝。

一些展览的主办方还会定期围绕展览主题举办论坛，邀请业内人士，甚至是艺术家本人，与大家交流、探讨艺术，也会利用线上会议的形式，现场连线国外的艺术家，拉近大众与艺术之间的距离。

另外，丰富市民夜间生活的艺术类夜场活动也屡见不鲜。艺术正在不断走进社区，融入市民生活。风靡韩国的音乐剧《小杰克》中文版，以环境式音乐剧的全新样式，在今潮 8 弄开启长期驻演。观众围坐在舞台前，在动感的音乐以及与演员的互动中，感受独特的沉浸式观演体验。除了动感欢快的音乐剧，上海青年艺博会也在今潮 8 弄设立了首个全年免费开放的艺葭文化中心，

首展集结了31位中国当代青年艺术家的近百幅作品。扫描展墙上的二维码，还能进入线上展厅，"线上＋线下"的双重体验，为更多观展人提供了方便。

今潮8弄汇聚各类优秀的展演，让百年老建筑群焕发新生机，也让艺术逐渐渗透进了市民的日常生活。真是迫不及待想去打卡上海独具魅力的文化新地标呀！

小贴士：

一般而言，各个展览都会定期开设免费的导览。想聆听专业解读、专业导览的朋友们记得提前在展馆的官网或公众号上查询导览时间。此外，部分展览还配置了多语种的导览机供租借。

中文练习：

1. 有外语导览吗？
   外国語ガイドはありますか？
2. 闭馆时间
   閉館時間

展覧会見学編

主人公：末廣英三朗
上海在住歴：3年
場　所：展覧会場

QRコードをスキャンして
映像を見よう

　上海の博物館と美術館は最近、開放時間を延長し、夜間でも見学できるところが増えた。夜間見学は休みの期間に実施されることが多く、例えば、上海博物館は夏休み期間中の金曜日は夜6時から9時まで夜間見学時間を設けている。また、浦東美術館は木曜日〜日曜日は夜9時まで入場できる。本編の主人公、末廣英三朗さんは夜間見学を体験した。

　末廣：今日、閉館は何時ですか？
　スタッフ：1時間後に閉館します。
　末廣：外国語ガイドはありますか？
　スタッフ：案内員は今、館内で説明中です。
　末廣：最初から聞きたいのですが。
　スタッフ：今夜は夜間見学がありますよ。
　末廣：それでは、夜にもう一度来ます。

　上海は世界から様々な芸術がやって来る芸術都市のひとつ

で、多くの美術館や博物館がある。例えば、フランスの著名な建築家が設計した浦東美術館、中国の芸術機構が設計したUCCA Edge等、どちらもオープンして間も無い芸術のランドマークだ。これらの会場では国内外の有名な芸術家が展覧会を開催している。

　また、一部の美術館は海外の美術館と協力して展覧会を開いている。例えば、上海外灘東一美術館とイタリアのカララ芸術学院は共同展覧会を開き、展示品は全てイタリアから運ばれた。芸術家本人を招いたフォーラムや海外の芸術家とオンラインでつなぐイベントが開催されることもある。

　この他にも、ナイトライフを豊かにする夜間イベントがたくさんある。例えば、今潮8弄では韓国で大人気のミュージカル「ジャッキー」の中国語版が上演され、観客は舞台の前に座って音楽を聴いたり、俳優と交流したりした。また、第7回上海青年芸術博覧会も初開催され、中国の青年芸術家31人が創作した100点近くの作品が展示された。館内のQRコードをスキャンすると、オンラインで見学することもできる。この今潮8弄は、古い建物を改装して文化会場として生まれ変わった場所で、上海の文化の新しい発信基地となっている。

ミニ知識：

　多くの展覧会では、無料ガイドサービスがあるので、公式サイトや公式アカウントで案内時間を調べておくと良い。また、多言語の案内機がある展覧会もある。

中国語練習：

1. 有外语导览吗?
   外国語ガイドはありますか？
2. 闭馆时间
   閉館時間

42 广场舞篇

主人公：破魔仁美

沪　龄：1 年

场　景：广场

　　工作闲暇之余，大家会选择哪些方式来放松身心呢？本篇主人公破魔仁美的答案是在家和宠物玩耍，去电影院看电影，还有就是跳舞了。说到跳舞，在上海的各处广场上，总能看见有群人伴随着音乐，跳着富有韵律的舞蹈，那便是著名的广场舞了。

　　这天，破魔仁美和第一次学跳广场舞的朋友来到了自家附近的广场。

初学者： 请问，我可以参加吗？

领舞者： 当然可以啦。

初学者： 这个动作怎么做？

领舞者： 把腰弯下去，突出腰部的曲线。

初学者： 我觉得我做到了。

领舞者： 但你腰还没有弯下去啊？

初学者： 因为我本身腰椎间盘就突出呀。

领舞者： 什么？快停下！

广场舞作为一种群众自发组织的运动，几乎没有什么专业限制。无论是集体舞还是交谊舞，当你正式加入广场舞的队伍后，便可以在队伍旁，通过观察和模仿别人的动作进行练习。不过，想要跳好广场舞，单靠模仿是远远不够的。虽然，广场舞的动作相比于专业舞蹈来说更简单易学，但总有部分动作无法完美地呈现。这时，可以询问其他舞者来寻求指导，向老师请教得多，动作才能掌握得更快更标准。

不过，作为健身娱乐方式的广场舞有时却因为音量过大，引发不少噪声扰民的问题。

最近，闵行区试点了一套消音系统，经过半个月测试，广场舞噪声扰民问题得到了有效改善。距离古美人口文化公园不足50米的广场上就导入了这套设备，居民们伴随音乐跳广场舞时，通过分贝仪进行检测，可以发现正前方的音量大约在85分贝。而在距离广场最近的高层11楼进行测量时，分贝仪上显示的仅为50分贝左右。发挥作用的是一套名为"定向声技术"的智慧广场舞系统，它被安装在公园的柱子上。由于该区域仅安装了一套消音器，公园里的4支广场舞队伍要相互配合，分时开展活动。

未来，随着智慧广场舞系统在上海的不断推广和应用，"广场舞扰民"问题终将会解决。

小贴士：

在跳广场舞的时候，要记得戴好口罩，认真做好防疫措施。保护自己，同时也是保护他人。

中文练习：

1. 我可以参加吗？
   参加しても良いですか？
2. 这个动作怎么做？
   このポーズはどのようにしたら良いですか？

広場ダンス編

主人公：破魔仁美
上海在住歴：1年
場　所：広場

QRコードをスキャンして
映像を見よう

　皆さんはどんな方法でリラックスするだろうか。家でペットと遊ぶ、映画館で映画鑑賞、スポーツで体を動かす等、その方法は人それぞれだ。上海では広場や団地で音楽に合わせてダンスをする人たちをよく見かける。ご存知、広場ダンスだ。

　この日、本篇の主人公、破魔仁美さんは初めて自宅近くの広場ダンスに参加した。

破魔：あの、参加しても良いですか？

リーダー：もちろんです。

破魔：このポーズは、どのようにしたら良いですか？

リーダー：腰を低くして腰のカーブを出します。

破魔：先生、できました。

リーダー：腰はまだ曲がっていませんよ？

破魔：腰の椎間板が出ているので曲がらないのです。

リーダー：なに？早く中止して！

広場ダンスは市民の自発的サークルなので参加制限はほぼ無く、女性達が踊るグループや男女の社交ダンスに参加できる。広場ダンスは他人の動きを見たり、真似したりして練習する。広場ダンスの動作はプロのダンスに比べると簡単で学びやすいが、うまく出来ないポーズもある。その時は他のダンサーに聞いてみよう。直接教われば早く上達できる。

　一方、市民の楽しみである広場ダンスは騒音問題も引き起こしてきた。

　最近、閔行区は防音システムを試験的に導入し、広場ダンスの騒音問題を改善した。ある団地の騒音は防音システムを入れる前は約85デシベルだったが、防音システム導入後、50デシベルに減った。防音システムは広場の柱に取り付けられた方向性音技術の機械で、団地内に現在1台しかないため、ダンスチームは時間を分けて活動している。

　この防音システムは今後、全市に普及される計画で、騒音問題は改善するはずだ。

ミニ知識：

　広場ダンスを踊る時も必ずマスクを使い、しっかりと防疫対策をしよう。自分を守り、他人も守ろう。

中国語練習:

1. 我可以参加吗?
   参加しても良いですか?
2. 这个动作怎么做?
   このポーズはどのようにしたら良いですか?

43 婚礼篇

主人公：福泽信幸
沪　龄：17 年
场　景：婚礼会场

　　本篇的主人公福泽信幸在大学期间曾在酒店打工，因为工作关系，见证过 200 多场日式婚宴，本次他将结合自己参加中国同事婚礼的经历来介绍中日差异以及中式婚礼。

　　这天，他去参加朋友的婚礼。

福泽：恭喜恭喜，新婚快乐！可以拍个照吗？

新郎：当然可以啦。

福泽：新郎新娘，郎才女貌，好般配啊！

新郎：谢谢，你是男方还是女方的客人？

福泽：我是男方好兄弟的好朋友，没想到也收到婚礼请柬了。

新郎：有朋自远方来！欢迎欢迎！

在中国，传统的婚礼邀请函一般都放在信封里，但最近很多请柬都"电子化"了。与以往的纸质喜帖不同，打开电子请柬，会看到新郎新娘的视频，听到背景音乐，还有美丽的婚纱照以及婚宴举办地的详细地址和交通指南。对新郎新娘来说，无需向所有来宾询问收件地址或逐一填写收件人，通过邮件或微信就能直接发送电子请柬。对来宾而言，在网上就能回复是否出席，非常方便。

近几十年来，中式婚礼变得越来越时髦，婚庆市场上也推出了各种风格的新式婚礼方案。而接新娘的"婚车"、新郎的"接亲游戏"、婚礼上分发的"喜糖"等传统习俗则大多保留了下来。婚礼服装方面，随着国内掀起"汉服热"，在旗袍之外，更多传统中式礼服受到欢迎。

说起结婚登记，新人们一般会挑个良辰吉日。在中国，每年的中秋节和国庆假期都是举行婚礼和登记结婚的高峰期。另外，2月14日情人节和农历七月七（中国情人节）也都很受欢迎。中文里有表示"完美"的"十全十美"，所以每年的10月10日，新人们会扎堆举行婚礼和登记结婚。而2在中文中发音和"爱"相似，所以2022年2月22日周二，成了2022年度最受欢迎的结婚登记日。中文中有"六六大顺"这个词，所以"6"也很受欢迎。"9"因为发音同天长地久的"久"，所以在年轻人之中也很受青睐。

那么多的好日子是否让你应接不暇？为了避免受邀参加中国婚礼时感到困惑，请提前了解一下中国婚礼的习俗吧。

小贴士：

1. 与日本的婚礼不同，中国大部分的婚礼和婚宴同时举行。婚礼开始时，会举行交换戒指等仪式，之后就是宴席。所以在中文中，参加婚礼也被称为"吃喜酒"。
2. 参加婚礼的时候，会带上红包，将祝贺的现金装在红包里，交给新郎或新娘。金额多少可综合来宾与新郎新娘的关系、地区等因素考虑，有时候也可以和周围的朋友商量一下统一数额。当然，最终还是礼轻情意重吧！
3. 在日本一般会避开佛灭日，经常在大安日举行婚礼，但在中国一般根据数字决定良辰吉日。

中文练习：

1. 婚礼请柬
   結婚式の招待状
2. 新婚快乐！
   ご結婚おめでとうございます！

主人公：福澤信幸
上海在住歴：17年
場　　所：結婚式会場

QRコードをスキャンして
映像を見よう

　本編の主人公、福澤信幸さんは、大学生時代にホテルマンの
アルバイトをしていた。そのため、200回以上の結婚披露宴を
見てきたそうだ。福澤さんは中国人の同僚の披露宴に出席した
経験を踏まえ、中国結婚式で感じた日中両国の文化の違いを紹
介する。

　この日、福澤さんは中国人の同僚の結婚披露宴に参加
した。

福澤：結婚おめでとう。写真を撮っても良いですか？

新郎：もちろん良いですよ。

福澤：新郎は才人、新婦は美人で、似合いのカップルです
　　　ね。

新郎：ありがとうございます。新郎の友達ですか？それと
　　　も新婦の友達ですか？

福澤：新郎の友達の友達ですが、招待状をもらいました。

新郎：友達の友達はみな友達だ。大歓迎ですよ！

中国では、結婚招待状は封筒に入れて渡すのが一般的だったが、最近はウェブ化している。動画に音楽、きれいな結婚写真、結婚式場までの詳しい地図を載せる。新郎新婦は招待状を送る住所を聞く必要が無くメールやウィーチャットで送付でき、ゲストはオンラインで返事できるため、双方にとって便利だ。

　この数十年間で、中国の結婚式は、ますますおしゃれに様々なスタイルを選択できるようになった。その一方で、新婦を迎えに行く「婚車（結婚用の車）」や新郎に課せられる「接親ゲーム（新婦を迎える前に新郎に試練を与えるゲーム）」、結婚式で配られる「喜糖（ウェディングキャンディー）」等の伝統は、しっかり残っている。

　また、「漢服ブーム」の到来で、チャイナドレスや伝統的な衣装を着る若者が増えている。

　挙式や結婚届けを出す日取りは中国でも吉日が選ばれ、特に参加者が出席しやすい中秋節や国慶節の連休に集中する。また、2月14日のバレンタインデー、旧暦の7月7日の七夕も人気だ。そして「パーフェクト」という意味の四文字熟語「十全十美」にちなんで、2010年10月10日は挙式と結婚届を出すラッシュ日だった。また、2022年2月22日は中国語で「愛」と発音が似ている2が6つ並んだことから、この日も挙式ラッシュになった。この他、全て順調に運ぶという意味の「六六大順」から「6」、「末久しく」の「久」と発音が似ている「9」は好まれる。

ミニ知識：

1. 日本と異なり、中国では結婚式と披露宴は同時に行われることが多い。結婚式の初めに指輪の交換等の儀式を行い、その後、披露宴になる。中国語では結婚式に参加することを「喜酒を飲む」とも言われる。
2. 結婚式に参加する時は「ご祝儀袋（紅包）」を持参し、新郎新婦に渡す。金額は地域や新郎新婦との関係によって異なるので、友達と相談して決めると良い。もちろん結婚を祝う気持ちが一番大切であることは間違いない。
3. 挙式日や入籍日について、日本では仏滅等を避けて大安を選ぶことが多いが、中国では日取りだけでなく挙式の時間も縁起の良い数字にこだわる。

中国語練習：

1. 婚礼请柬
   結婚式の招待状
2. 新婚快乐!
   ご結婚おめでとうございます！

44 网红篇

主人公：越道绿

沪　龄：3 年

场　景：主播直播间（网络）

　　当我们拿起手机，打开短视频平台或社交平台时，当下发生的各种时事资讯就会扑面而来，各类网络媒体的发展已经步入了"快车道"。除了视频外，随着网络技术的不断发展，直播行业也迅速兴起，不仅为许多人提供了展示才华的平台，也为不少行业的发展提供了助力。最近，本篇的主人公越道绿就走进了某位主播的直播间，与其进行了一次弹幕互动。

主播：欢迎来到我的直播间！

越道：今天播点什么内容？

主播：给大家展示一下我的厨艺。

越道：嗯，先点个关注看看吧。

主播：看，这是我做的烤鸡。

越道：看起来还不错，试吃一下看看。

主播：额，好像有点咬不动。

越道：啊！就这？取关了取关了。

"直播间"指的是在互联网时代下由某一人或某个组织开通的网络直播节目。通常，每个直播间都会有一至两位主播和观众直播互动，直播内容也会根据主播擅长的领域各有不同。例如：以展示自身才艺为主的才艺主播，以销售产品为主的电商主播，还有以分享各类资讯为主的泛娱乐主播等。

　　如果想让直播间拥有更高的人气、留住观众，就需要主播与观众进行互动与交流。当你在观看直播时，通常会看到许多文字不断在画面中出现，这便是"弹幕"。如今，弹幕这种实时评论形式，受到了越来越多人的关注。

　　其实，弹幕的功能不只是评论与回复，还能营造一种共鸣的氛围。观众在观看直播时，不仅是与主播在互动，也是通过弹幕评论等在与他人互动，如此可以提升观看时的归属感和满足感。例如：当主播即将展示才艺时，我们通常会输入"前方高能"来进行提示。当直播圆满结束时，通常会输入"撒花"来表示庆贺。另外，弹幕还具备字幕、科普、打码等功能，可以让直播的质量更高，内容更加丰满。不过，也有不少观众会因为弹幕过于遮挡画面而选择关闭，这时便可以选择调整弹幕出现的位置与数量，这样既可以与他人互动，又能拥有更好的观感。遇到恶意刷屏或是违规弹幕时，不妨及时举报，维护弹幕环境。

　　如今，网络直播不只局限于自我宣传和带货，在其他行业，同样拥有很光明的前景。比如，医疗行业对于直播的应用就在逐渐增多。

　　2021年，上海部分公立医院相继开设"互联网医院"，通过线上问诊等方式，让患者在家就能轻松看病。即使医生与你相隔千里，也能为你做检查。云南患者扎西曾感到颈部有点肿大，医生建议她做下颈部超声。当她躺在云南德钦县人民医院的病床上

时，为她做超声的却是上海南翔医院的医生。超声科医生在南翔医院操作键盘，控制着机械臂在云南为患者做检查，随后医生出具诊断报告，并发送到云南。这种形式不仅限于颈部超声，所有超声项目都可以隔空操控。5G网络、AI技术让千里之外近在咫尺，让诊疗设备拥有了跨越空间的"魔力"。

通过5G与AI相结合，直播的形式不仅提高了对偏远地区患者的诊疗效率，也实现了跨领域医疗人员的带教工作，真正做到了医疗扶贫。随着直播行业的不断发展，"直播＋医疗"的新模式将会变得越来越完善。

小贴士：

如果想要让直播间拥有更高的人气，直播话术就显得尤为重要。在开播时通常可以说"欢迎来到我的直播间"来拉近与观众的距离。在直播过程中，可以说"记得点赞关注哦"来增加互动。而在直播的最后可以说"下次还有惊喜哦"来吸引观众持续关注。

中文练习：

1. 直播间
   ライブ配信チャンネル
2. 弹幕
   弹幕/コメント

主人公： 越道緑
上海在住歴： 3年
場　所： ライブ配信チャンネル

QRコードをスキャンして
映像を見よう

　私たちがスマホを手に取ってSNSを開くと様々な情報が飛び込んでくる。今、起こっていることを中継するライブ配信が大人気だ。SNSは多くの人に自分の才能を披露するプラットフォームを提供しただけでなく、多くの分野の発展にも役立っている。本編の主人公、越道緑さんは、ある配信者のチャンネルを視聴し、弾幕を通して配信者と交流した。

配信者：私のライブ配信チャンネルようこそ！
越道：今日はどんな内容を配信しますか？
配信者：私の料理の腕前を披露しましょう。
越道：とりあえずフォローします。
配信者：ほら、これは私が作った焼き鳥です。
越道：美味しそうだけど、試食してみてくれますか？
配信者：ちょっと噛み切れないなあ。
越道：あら…。フォローを解除します。

ライブ配信とは、個人や団体がインターネット上で生配信することで、その内容は自分の得意分野や様々な情報、商品販売等、バラエティに富んでいる。

　配信者がライブ配信で人気を得たい場合は、視聴者との交流が必要だ。ライブ配信で画面上に文字が流れてくるのが「弾幕」である。今では弾幕というリアルタイムのコメントがネットメディアの発達とともに注目を集めている。

　実は、弾幕は配信内容へのコメントだけでなく、配信者や他の視聴者と交流したり、情報を共有したりする役割もあり、配信への帰属感と満足感を高めている。例えば、配信者が何か得意なことを披露しようとする時、視聴者は「前方高能」と入力する。これは日本語で「待ってました！」という感じだ。そして、配信後は「完結撒花」、日本語で「エンディングに花びらを！」といった意味だ。この弾幕は外国映画の字幕にも使われる。その言語が分かる視聴者が弾幕で翻訳してくれるのだ。

　弾幕が多すぎて見にくい場合は弾幕の位置と数を調整したり、悪意のあるコメントに遭遇した場合は速やかに通報したりして良い視聴環境を保とう。

　また、ライブ配信等オンライン化は、PRや商品販売だけではなく、企業の会議や講演会、医療業界でも応用が増えている。

　2021年、上海の一部の病院で「オンライン診療」が相次いで開設され、患者は自宅で簡単に診療を受けられるようになった。また、地方から診療を受けることもできる。雲南省に住む、ある女性は首が少し腫れていると感じ、超音波の検査を受けることになった。この女性を検査したのは雲南省から遠く離れた上海南翔病院の医師で、上海の病院からロボットアームを動かし

て検査し、その結果を雲南に送信した。首だけでなく他の部位も遠隔検査できる。5GとAI技術を駆使した遠隔検査は、地方の患者に上海の一流病院の診察を受ける機会を与えた。

　患者だけでなく、地方の医療関係者も上海の病院のライブ配信を通じて指導を受けられるようになり医療格差の是正に役立っている。ライブ配信はエンタメだけでなく、医療現場でも活用が広がっている。

ミニ知識：

　ライブ配信で人気を得るためにはトークが重要だ。配信スタート時に「ようこそ、私のライブ配信チャンネルへ」等と挨拶。配信中は「グッドボタンとチャンネル登録をお願いします」、「いいねやフォローしてね」と視聴者に呼びかける。そして、配信の最後には「次回はもっと驚くことがあるよ」等と予告して視聴者の興味をあおるのだ。

中国語練習：

1. 直播间
   ライブ配信チャンネル
2. 弹幕
   弹幕／コメント

45 卡拉OK篇

主人公：石冈洋子
沪　龄：1年半
场　景：卡拉OK

　　有调查显示，最受日本人青睐的休闲娱乐方式之一就是卡拉OK，通过这种形式既能与老友相聚，又能抒发情感，还能切磋技艺，可谓一举多得。本篇的主人公石冈洋子就是个喜爱唱卡拉OK的"麦霸"。

　　这天，她正和朋友在卡拉OK唱歌。

石冈：有日语歌吗？

店员：当然有，500多首呢。

石冈：这么多？什么年代的歌？

店员：70年代至今，应有尽有。

石冈：太棒了！我可以连唱两个小时。

店员：本月店庆，唱歌满二送一哦。

石冈：赞！那我必须唱满三个小时。

店员：记得保护嗓子哦。

石冈：放心。看，我带了一打润喉糖。

  近年来，上海的各大商圈和车站里出现了不少"迷你卡拉OK"。点唱一首歌只需5元，很受年轻人的欢迎。迷你卡拉OK的外观酷似公用电话亭，内部配有选歌触摸屏、话筒、耳机等设备，最多可容纳两人使用。去KTV的话不能只唱一首歌，整体消费比较高，而迷你卡拉OK更加经济实惠，唱完之后不仅自己能听，还能把录音分享给朋友。一首起唱，随时分享，迷你卡拉OK的全新功能俘获了不少粉丝。

  迷你卡拉OK开设在商场、车站和机场里，瞄准的就是消费者的碎片化时间，比如：热门餐厅等位需要20分钟，离电影开场还有半小时，离高铁到站还有15分钟，这点时间足够"高歌"几曲。而且对企业而言，迷你卡拉OK的投资成本也不算太高，每台成本2万元左右，开在好地段，两三个月就能回本，稍差一些的地方，也能在六到八个月内回本。

  截至2021年末，全国迷你卡拉OK总数已突破20万台，设置点位也从一线城市，普及至二三线城市。在迷你卡拉OK唱歌不仅能放松心情，还能结交新朋友。来了中国，有机会一定要尝试一下啊！

小贴士：

1. 不少卡拉OK提供日语歌，但不设日语点歌系统。如果只知道日语歌名，对自己的汉语翻译又没太大把握，建议现场哼唱几句给服务员，许多日语歌曲都有中文翻唱，旋律哼对了，服务员就能用中文名称帮忙搜索到相应的日语歌曲了。

2. 如果感到口渴，可以询问店员是否有饮料可售。有的卡拉OK可以现场点单并直送包房，有的则需前往店内超市自行购买。通常情况下，价格和卡拉OK店外的普通超市里相差不多。这就是为什么中国的多数卡拉OK门前，挂着"量贩式"的招牌。这个单词来自日语，原意是大量批发。用到卡拉OK店铺里，就成了以平价形式薄利多销的意思。

中文练习：

1. 有日语歌吗?
   日本語の歌はありますか?
2. 饮料在哪里买?
   飲み物はどこで買えますか?

カラオケ編

主人公： 石岡洋子
上海在住歴： 1年半
場　所： カラオケ店

QRコードをスキャンして
映像を見よう

　日本で生まれたカラオケは、カラオケという呼び方のまま世界で親しまれている。中国では卡拉OKやKTVと書かれ、レクリエーションとして楽しまれる。本編の主人公、石岡洋子さんもカラオケが大好きだ。

　この日、石岡さんは友達とカラオケ店に来た。

石岡：日本語の歌は、ありますか？

店員：もちろん。500曲ありますよ。

石岡：多いですね。どの年代の歌ですか？

店員：70年代から現在まで何でもあります。

石岡：すごい！2時間連続で歌えます。

店員：今日は開店記念日で、2時間利用すると1時間無料サービスです。

石岡：やった！3時間、熱唱します。

店員：喉を壊さないように気を付けてね。

石岡：大丈夫！ほら、喉飴を12箱持って来ていますよ。

近年、上海ではショッピングモールや駅等にミニカラオケボックスが設置されている。1曲たったの5元。若者に大人気だ。公衆電話ボックスのように見えるミニカラオケボックスは、カラオケの画面と選曲用のタッチパネル、そしてマイクとヘッドホンがあり、1人か2人入ったら一杯になる程の広さだ。また、自分の歌声を録音して自分や友達に送ったり、SNSにアップロードしたりできる。

ミニカラオケボックスは、ショッピングモールや駅、空港等の待ち時間が狙いだ。人気のレストランの順番待ちの20分間、映画が始まるまでの30分間こそがミニカラオケの出番だ。運営会社にとっては設備投資費を短期間で回収できるため、急成長の要因となっている。2021年末までにミニカラオケは全国で20万台を超え、大都市から地方都市に浸透しつつある。歌は人をリラックスさせる効果と人々をつなぐ力を持っている。従来のカラオケ店、ミニカラオケをシーンに応じて使い分けることで手軽に気分転換ができ、新しい友達を作ることができる。中国へ来たら、ぜひ試してみよう。

ミニ知識：

1. 日本語の歌を提供するカラオケ店でも、歌のタイトルが日本語で入っていない場合がある。日本語の曲名は分かるが中国語で何と言うのか分からない時、最も実用的な方法は店員に向かって歌うことだ。中国語でカバーされている日本の歌は多いので、メロディさえ正しければ中国語の曲名が必ず見つけられる。

2. 飲み物は、部屋に届けてくれる店もあれば、自分で店内のスーパーへ行って買う店もある。値段は町中のスーパーとあまり変わらない。飲み物の値段はカラオケ店の看板に「量販式」と書いてあるかどうかで判断できる。量販式は日本語の量販店が由来で、中国のカラオケでは飲み物も食べ物も量販店のように安いという意味で使われている。

中国語練習：

1. 有日语歌吗?
   日本語の歌はありますか?
2. 饮料在哪里买?
   飲み物はどこで買えますか?

46 中医推拿篇

主人公：山口良雄
沪　龄：3 年
场　景：中医按摩馆

　　中医是中国的传统医学，包含汉方、针灸、推拿、气功等各种治疗方法。随着年龄增长，本篇主人公山口良雄经常因为久坐、久站感到腰酸背痛。他尝试过做体操或购买工具自行按摩，但都只能得到暂时性的缓解。在朋友的介绍下，山口良雄体验了中医按摩并成了常客。

　　这天，山口良雄又来到了中医按摩馆。

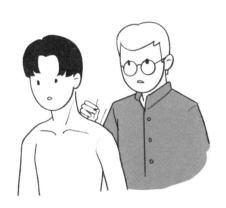

山口：医生，我的胃不舒服。

医者：好的，帮你推拿一下。

山口：最近腰腿也不太舒服。

医者：帮你在穴位上扎两针。

山口：哎哟，轻一点，轻一点。

医者：痛则不通，看来还得再来几针。

　　说到中医治疗，大家对推拿、针灸、拔火罐都应该比较熟悉。这些治疗都离不开穴位，每个穴位对应不同的功效。比如，头侧部的颔厌穴、悬颅穴，手腕附近的内关穴可以起到止痛的效果，而公孙穴、列缺穴则能应对胃痛、头痛等症状。在临床治疗时，会根据患者对于穴位的反应进行调整及治疗，医生会一个个按压症状对应的穴位，虽然有些穴位按上去偏疼，但结束治疗后患者往往会感到舒缓。

　　此前，山口良雄肠胃不舒服，吃了药也没什么效果，半信半疑地尝试了一下朋友推荐的中医肠胃推拿。医生先用百草香灸，为他的腹部加热保暖。山口觉得有股暖流顺着经络散至全身，甚至到达了脚尖，身上也出了一层薄薄的汗。随后，医生开始推拿，不是想象中的大力按压，而是用手掌轻柔地在肠胃处，以顺时针方向来回揉搓，肠胃立马感觉被"激活"了，不时地发出"咕噜咕噜"的声音。短短三十分钟，此前只能通过吃药缓解的肠胃不适竟然通过按摩治好了。治疗结束后，医生还给他配了花草茶，内含许多汉方植物及花草，温和甘甜，喝下去感觉整个肠胃都暖暖的。

　　像山口这样对中医学颇感兴趣的外国人不在少数。比如：在北京冬奥会期间，各国选手居住的奥运村内，奥运村不仅提供舒适周到的各项服务，还设有中医药体验馆。每天都有不少外国选

手在志愿者的带领下在馆内做操打拳、修养身心。比赛临近时，针灸及推拿服务的预约更是火爆，中医学也借此得到了推广，想必世界各国的选手都领略到了中医学的妙处。

小贴士：

在接受按摩和针灸时，如果感到疼痛难忍，一定要及时和医生说"轻一点"哦。当然，你也可以说"重一点"，根据自己的情况进行力度调节。

中文练习：

1. 穴位
   経穴（ツボ）
2. 轻一点。
   もっと弱く。

中医学編

主人公：山口良雄
上海在住歴：3年
場　所：中医学マッサージ医院

QRコードをスキャンして
映像を見よう

　「中医学」という言葉は「中国伝統医学」を指す。中薬、鍼灸、推拿、カッピング等の治療法が含まれる。
　中国では、今も西洋医学と並行して中医が活用されている。本編の主人公、山口良雄さんは年齢とともに足腰に違和感を覚えることが増え、自分でストレッチ体操等を試してみたが、なかなか治らずにいた。

　この日、山口良雄さんは中医按摩を受けに行った。
山口：最近、胃の具合が悪いです。
医者：では、按摩しましょう。
山口：最近、足腰にも違和感があります。
医者：ツボに鍼を2本刺しましょう。
山口：痛い！もう少しそっとお願いします。
医者：痛いのは経絡が詰まっているからです。あと何本か鍼を増やしましょう。

中医学では経穴（ツボ）が重要だ。経穴をとらえることは、その人の症状がどうやって起こったのかを理解する上で重要な手がかりになる。また、各経穴には、それぞれ性質がある。例えば、側頭部の経穴、頷厭、懸顱と手首付近の内関には痛みを抑える効果がある。公孫や列欠は胃の痛みや頭痛に対して効果的である。実際の治療で経穴を押した感覚や反応を診て治療を進める。

　また、山口さんは胃の調子が悪い時に灸を受けた。恵方巻き位の大きさの「もぐさ」で経絡に集中的に熱を伝えていく。しばらくすると足先までポカポカと温まり、汗もにじんできた。その後、腹部を手のひらで優しく振動させたり、時計回りに優しく撫でたりすることを繰り返し、30分もすると、お腹の中で音がして胃腸が動き出すのが良く分かったそうだ。山口さんは、それまで胃腸の不調は薬で治すものと思っていたが、中医で治るとは思ってもみなかったと話した。山口さんのように中医学に興味を持つ外国人は多く、北京冬季オリンピック・パラリンピックでは選手村に中医学館が設置され、とても人気だった。また、オリンピック村に設けられた中医学体験館では、多くの外国人選手がボランティアの指導の下、太極拳を習った。試合前に鍼灸や中医按摩を予約する選手やスタッフもいた。この国際大会を通じて、世界のアスリートやメダリストも中医学の素晴らしさを実感したことだろう。

ミニ知識：

按摩や鍼灸を受ける時は、もし痛かったら「もっと弱く」を伝え、力加減を調整してもらおう。もっと強くても大丈夫な場合は、そう伝えよう。

中国語練習：

1. 穴位
   経穴（ツボ）
2. 轻一点。
   もっと弱く。

主人公：儿玉源太郎
沪　龄：1 年
场　景：剧场

　　大家在工作、学习之余，会选择什么样的方式来放松一下呢？对本篇主人公儿玉源太郎来说，休息时，会常去各大剧院看看演出，通过各种剧目来感受这座城市的艺术氛围。作为一座"艺术之城"，上海的演出数量不断增长。越来越多的观众开始走进剧院，选择观看演出这种休闲方式，寓教于乐、陶冶情操。

　　这天，儿玉源太郎来到了剧场，正在和工作人员交流。

儿玉：请问，这个座位在哪里？

工作人员：您是双号，请走到底右拐。

儿玉：好的。幕间休息有多久？

工作人员：大约一个月。

儿玉：什么？要一个月后才能看到第二幕吗？

工作人员：吓到了吧？第二幕讲的是一个月后的故事。这样说，是为了增加观众的沉浸式体验，其实只休息15分钟哦。

儿玉：吓死我了，原来还是一部沉浸式剧目。

　　除了传统的剧场剧院外，上海在全国首创的演艺新空间正迅速发展。目前，演艺新空间的数量已达100家，各类新潮演出层出不穷，实现了文化与商业、与旅游的破圈融合。其中，沉浸式驻演独树一帜，不仅塑造了新型演出业态，更引领了文化新消费。

　　在上海虹口区的某商业综合体里，有家特殊的"理发店"，每晚七点准时"营业"。洗头、美甲……理发店里，一部沉浸式喜剧正在上演。近三个小时的演出，观众像是与素不相识的朋友们玩了场沉浸式的剧本杀。2021年，上海的100家演艺新空间共计完成15000余场演出，70个专业剧场也完成了近9000场演出。

　　演艺新空间的出现，让演出更加贴近我们的生活，舞台艺术的发展也开始变得多样化。不过，无论是大剧场还是小空间，观看演出时，切记要遵守演出场所的规定，营造一个文明良好的演出环境。

小贴士:

1. 部分演出场所，会采取单双号排位，一侧是单号座位，另一侧则是双号座位，观众通过不同的通道入场。可在入场时向工作人员询问座位的位置。如果行动不便，也可在咨询时提出相应需求。
2. 根据剧目内容不同，幕间休息的时长也会有所不同。具体的时长信息，可以询问工作人员或通过场内广播及告示牌获取。
3. 如果未能在表演开始前到达演出场所，可在幕间休息的时间进场。

中文练习:

1. 这个座位在哪里?
   この席はどこですか？
2. 幕间休息有多久?
   幕間はどのくらいですか？

イベント編

主人公：児玉源太郎
上海在住歴：1年
場　所：劇場

QRコードをスキャンして
映像を見よう

　本編の主人公、児玉源太郎さんは休みになると各劇場に足を運ぶという。「芸術都市」として上海の公演数は年々増え続けている。人々は劇場に足を運び、感性を磨いている。

　この日、児玉源太郎さんは劇場へ行き、スタッフに席を尋ねた。

児玉：すみません、この席はどこですか？

スタッフ：この席は偶数席なので、突き当りを右に曲がって下さい。

児玉：はい。幕間はどのくらいですか？

スタッフ：約1か月間です。

児玉：え？ということは第2幕を見る為には、来月まで待たなくてはならないの？

スタッフ：ふふ、驚きましたか？この劇は体験型なので、私は今、あなたを劇の世界に導きましたよ。本当の休憩は15分間です。

児玉：びっくりしました！でも、おかげで体験型劇の醍醐味を味わえました。

　今、上海では体験型や観客参加型の演目が急増している。そのため、体験型の演目を上演する新しい劇場が2年間で100ヶ所も誕生した。新劇場では年間1万5千回余りの公演が行われている。

　例えば、上海虹口区のデパートには毎晩7時にオープンする特別な「美容院」がある。洗髪、ネイル……ここでは、観客参加型のコメディが上演されている。約3時間の公演で観客は見ず知らずの人とシナリオを楽しむ。

　劇場がデパートの中にあることで、人々にとって演劇はより身近な物になった。そして、観客参加型の演劇は文化と商業、文化と観光を融合させ、新しい演劇の育成と消費を促進している。

ミニ知識：

> 1. 劇場の座席は単号と双号、つまり座席番号が奇数のものと偶数のものに分かれている。劇場内に入る時、左右のドアを単号と双号に分けて誘導するケースが多いので、自分のチケットに書いてある番号が偶数か奇数かを確かめて入場の列に並ぼう。入場の時にスタッフに尋ねたら、席のあるエリアを教えてくれる。体が不自由な人はスタッフに手助けを頼もう。
> 2. 演目によって休憩時間の長さは異なる。第1幕が終わ

ると、すぐに休憩時間の長さを知らせるアナウンスが
流れるが、良く聞き取れなかった場合はスタッフに尋
ねよう。
3. 上演時間に遅刻した場合は幕間に入場できる。

中国語練習：

1. 这个座位在哪里?
   この席はどこですか？
2. 幕间休息有多久?
   幕間はどのくらいですか？

48 志愿者篇

主人公：佐藤敦
沪　龄：1 年
场　景：办公室

在中国有个成语叫"助人为乐"，意为以帮助他人为快乐。在志愿活动中，我们尽己所能做些有意义的事奉献社会，还能收获弥足珍贵的经历。本篇主人公佐藤敦在日本时，无偿教外国朋友说日语，在上海因新冠疫情居家封控期间，他同样积极投身到了社区的志愿活动中。

这天，佐藤敦正和志愿者项目负责人交流。

佐藤：你好，我想做志愿者。

负责人：欢迎欢迎！你想做什么岗位呢？

佐藤：我力气比较大，还会中、日、英三国语言。有合适的岗位吗？

负责人：好的，到时候帮你安排。你平时什么时候有空呢？

佐藤：我的空闲时间是周末和工作日的午休时间。每天晚上还能抽出半小时！

负责人：真是"见缝插针"啊，辛苦了！

    佐藤住在上海浦东新区潍坊街道，该区的外国人服务站中，由50名外国人组建了一支志愿服务队，为大家发光发热。

    通过服务站渠道，佐藤在2022年4月参与了志愿活动。封控初期，相关的信息错综复杂，佐藤一头雾水。但日语流利的志愿者很快上门，为他详尽解释了当时的情况。佐藤的英语和中文应对日常生活都没有问题，看到管控期间志愿者们挨家挨户上门分发配送蔬菜肉类等保障物资，佐藤便想在力所能及的范围内，参与一些志愿活动。

    佐藤领到的任务是，为所在公寓的居民提供服务。比如：对团购的肉类、蔬菜、大米进行配单、配送、消毒，引导排队、辅助核酸检测、分发抗原检测试剂盒等。另外，还要为一些不太懂中文的外国居民翻译通告。通过志愿活动，佐藤不仅结识了中国朋友，还交到了外国朋友，这段经历非常宝贵。

    除了语言服务，志愿服务还包括法律援助、老年服务、垃圾分类、心理咨询等，任何人都可以在自己擅长的领域大放光彩，通过自己的努力为他人纾困解忧。如果你也想为上海献一份力，或是用闲暇时光做些有意义的事，就来加入志愿者队伍吧！

小贴士：

1. 如果有意参与上海的志愿活动，可以在官方网站"上海志愿者网"报名。即便是外籍人士，只需使用护照上的个人信息实名登录，就能报名了。

　　此外，直接前往各社区的外国人服务站，说"我想做志愿者"也不失为一种办法。外国人服务站不仅面向外国友人提供"一站式"服务，还会定期举办"中华美食""民俗体验""垃圾分类"等主题活动。另外，站内还有由外国人组织的志愿活动。

2. 报名参加志愿活动时，记得告诉负责人自己的空闲时间和期望参与的服务内容。比如"每周几""每天几点到几点"，在力所能及的范围内做好事。

中文练习：

1. 我想做志愿者。
   ボランティア活動に参加したい。
2. 空闲时间
   空いている時間

ボランティア編

主人公：佐藤敦
上海在住歴：1年
場　所：事務室

QRコードをスキャンして
映像を見よう

　中国では「助人為楽」、人助けを喜びとするという言葉がある。ボランティアは自分のできることで社会に貢献できる、やりがいがある活動で、自分の貴重な経験にもなる。本編の主人公、佐藤敦さんは日本で外国人に日本語を教えるボランティアをしていた。また、上海では新型コロナのロックダウン時にコミュニティのボランティア活動に参加した。

　この日、佐藤敦さんはボランティア活動の責任者と話している。

佐藤：ボランティア活動に参加したいのですが。

責任者：大歓迎です。どんな活動を希望しますか？

佐藤：体力に自信があるし、中国語、日本語、英語ができます。どんな内容が相応しいでしょうか。

責任者：了解。相応しい内容をアレンジします。普段はいつ時間がありますか？

佐藤：週末と仕事日の昼休み、毎晩30分間も空けられ

ます。

責任者：時間の有効活用ですね。お疲れ様です！

　佐藤さんが住む浦東新区濰坊街道の外国人サービスステーションでは、外国人50人がボランティアチームを作って活動している。

　佐藤さんも、このサービスステーションを通して、2022年3月末から行われた上海のロックダウン時にボランティア活動に参加した。佐藤さんは「よくボランティアに助けられていたので、その恩返しとして自分も何か貢献したいと思った」と参加理由を語った。

　佐藤さんの仕事内容は主に同じマンションに住む人へのサービスで、例えば、集団購入した肉や野菜、米等の仕分けや配布、消毒、氏名のチェック、PCR検査の手伝い、抗原検査キットの配布等を担当した。

　また、外国人で中国語が不得手な人への中国語アナウンスの通訳、翻訳も手伝った。人命、健康に関わる活動のため、日本語教師のボランティア以上にやりがいを感じたそうだ。佐藤さんは「体力的には疲れたが、皆から感謝の声を掛けてもらって精神的な充実感を味わえた。そして、ボランティアを通して中国人だけでなく、外国人の友達もたくさんできた貴重な経験だった」と話した。

　ボランティアは、語学以外にも法律支援、高齢者向けのサービス、ゴミ分別、メンタルカウンセリングに至るまで様々な内容があるので、自分の得意分野で活動できる。「助人為楽」。自分が住む都市に力を貸したり、生きがいを見つけたりしたい人は、ボランティアに参加しよう。

ミニ知識：

1. 上海でボランティア活動に参加したい場合、「上海志愿者网」のオフィシャルサイトで応募できる。パスポート等の個人情報を実名登録することが必要だ。また、各コミュニティにある外国人サービスステーションに行き、「ボランティアになりたい」と伝えてもOKだ。外国人サービスステーションは、外国人対象に臨時住宿登記等、様々なサービスを提供するほか、定期的に中国料理やゴミ分別の講座等を開催している。外国人が組織するボランティア活動もある。
2. ボランティアに応募する時には責任者に自分の都合が良い時間帯を伝えることを忘れてはいけない。例えば、「何曜日」や「毎日何時から何時まで」等と詳しく言おう。

中国語練習：

1. 我想做志愿者。
   ボランティア活動に参加したい。
2. 空闲时间
   空いている時間

49 共享空间篇

主人公：冨樫令树
沪　龄：2 年半
场　景：共享办公室

近几年来，共享空间不断兴起，使用模式也不断推陈出新。共享空间拥有灵活轻松、方便社交的特征。而"共享经济"的概念也赋予这些空间众多不同的功能，衍生出例如"共享办公室""共享展厅""自助影咖"等共享形式。这天，本篇主人公冨樫令树因工作原因，体验了一次"共享办公室"。

冨樫：请问，还有位置剩余吗？

工作人员：正好有人离开。

冨樫：太好了，我该怎样使用呢？

工作人员：手机扫这里，支付完成就能使用。

冨樫：谢谢。

工作人员：还有其他需求吗？

冨樫：能帮我把那个位置除一下菌吗？

工作人员：不好意思，保洁人员暂时不在。

冨樫：那我就用自带的除菌喷雾喷一下吧。

工作人员：啊，好香的味道。

冨樫：是的，除菌效果可好了。

工作人员：真不错。可以当香水，还能除菌。

冨樫：我怎么没想到，以后我也可以这样用。

如今，选择灵活办公的人越来越多，对于办公空间的要求也越来越高，不仅要有完备的办公设施和良好的私密性，如果还能喝杯咖啡，那是再好不过。基于这种情况，中国内地首家星巴克共享空间概念店，在西藏中路来福士办公楼内老店新开，"咖啡＋办公"的新业态吸引不少上班族前来体验。

六个半开放工位，三个格子间和一个八人会议室，配有插座、白板、投影仪、磨砂玻璃等办公配套，每天上午十点不到，就已座无虚席。

共享空间采取预约制，半开放式工位免费，私密包间则根据大小收费，每小时50元至180元不等。除了灵活办公，共享空间还让社区变得更具活力，为打造"宜居宜业"的美丽家园贡献了力量。

小贴士：

> 由于每个共享空间的功能有所不同，办理流程也会存在差异，需咨询管理者了解流程。除此之外，还有许多自助式的智能共享空间，一般都需通过App预约使用。在App中可以选择使用时间和人数，由系统根据要求为用户分配空间。

中文练习：

1. 还有位置剩余吗？
   席は残っていますか？
2. 怎样才能使用呢？
   どうすれば使えますか？

シェアスペース編

主人公：冨樫令樹
上海在住歴：2年半
場　所：シェアオフィス

QR コードをスキャンして
映像を見よう

　人口が多く、オフィスやアパートの賃貸料が高い上海では、
「シェアオフィス」「シェア展示室」等の様々なシェアスペース
が生まれている。このシェア経済は今、空間に多くの機能を与
えている。この日、本編の主人公、冨樫令樹さんは仕事のため
に「シェアオフィス」を利用した。

冨樫：席はまだありますか？
スタッフ：ちょうど空きました。
冨樫：良かった。手続きはどうすれば良いですか？
スタッフ：スマホで、ここをスキャンして料金を支払えば使
　　　　　えます。
冨樫：はい、ありがどう。
スタッフ：他に何かご要望はありますか？
冨樫：席を掃除してもらえますか？
スタッフ：すみません、清掃員は今、いません。
冨樫：では、この除菌スプレーを使おうかな。

スタッフ：あ、良い香りですね。

冨樫：はい、それに除菌効果も高いですよ。

スタッフ：除菌もできるルームフレグランスなんて優れ物ですね。

冨樫：そうですね。ルームフレグランスとしても使えますね！

　上海でも今、「フレキシブルな働き方」を選ぶ人が増加し、シェアオフィスへのニーズが高まっている。シェアオフィスは設備やプライバシーだけでなく、今やコーヒーを飲めることも重要なポイントだ。そのため、スターバックスは中国初のコンセプト店を人民広場近くの上海ラッフルズシティにオープンした。「コーヒー＋オフィス」の新しいスペースは多くの働く人達を引きつけ、午前10時前に満席になってしまうほどの人気だ。

　半開放式の部屋6室、個人用スペース3室、8人用会議室1室があり、コンセント、ホワイトボード、プロジェクター等が揃っている。

　シェアスペースは予約制で、半開放式の部屋は無料、個室は大きさによって1時間あたり50元〜180元。この他にも、上海には様々なシェアスペースが登場し、用途に合わせて自由に使い分けることができる。

ミニ知識：

　管理者がいるシェアスペースの他に、セルフサービスのシェアスペースも多くある。アプリで予約して使用時間と人数を選択する。プライバシーを重視する人に適している。

中国語練習：

1. 还有位置剩余吗?
   席は残っていますか?
2. 怎样才能使用呢?
   どうすれば使えますか?

50 户外运动篇

主人公：藤田康介
沪　龄：26 年
场　景：户外运动场地

近年来，上海新增了不少运动设施和场地。据统计，2021年上海共建成市民健身步道107条、市民健身点743个、市民多功能运动场近100处。到2023年，上海人均体育场地面积将达2.5平方米左右。此外，上海一直在打造的"15分钟社区生活圈"内，也配备了许多步道及公园，还开设了不少售卖体育用品的商店。各种体育器械和装备，不用海淘或网购，在家门口就能购买。

本篇主人公藤田康介最热衷的户外运动是骑自行车、跑步和爬山。在公园散步或健身时，邻里间总会亲切地打招呼，让他感觉社区充满了温暖和活力。

这天，藤田康介正准备运动。

藤田：你好，请问哪里可以骑车？

管理员：自行车道在那边，在步道的旁边，你别骑错了。

藤田：好的，那滑板和攀岩在哪里？

管理员：滑板在前面，攀岩在后面。你到底要做什么运动？

藤田：三个我都要做。所以还想问你，这里开到几点？

管理员：这里24小时开放，够你三项运动各做三遍了！

　　上海浦东滨江有一条全长22公里的连贯骑行道，中间不设任何信号灯，骑行者可从杨浦大桥一路骑到徐浦大桥，畅快淋漓。而且，每隔一两公里都设有休息区和卫生间，非常人性化。春天可以赏花，夏天可以在树下乘凉，健身赏景两不误。2017年底，黄浦江两岸45公里岸线公共空间贯通开放后，漫步道、跑步道、骑行道也随之建成，新增体育设施面积达55万平方米，新建约40处滑板、攀岩、足球、篮球、羽毛球等各类运动场所。

　　除了户外健身体育设施，上海还增设了几处"都市运动中心"。2022年，上海市体育局发布了6个"都市运动中心"试点项目。都市运动中心是新型体育服务综合体，将全民健身和相关产业相融合，不但可以让市民"动起来"，还能促进体育消费。比如，位于奉贤区的中体城奉贤都市运动中心，场地涵盖了足球、网球、篮球、羽毛球、游泳等19项大众体育运动。在体验的市民中，年轻人占了多数。项目落地后，解决了周边5公里以内的居民、企业员工的体育需求，也满足了周边青少年的运动需求。该中心所有场馆都支持市民通过小程序线上预订课程、场

地。未来，还会陆续开放更多体育项目和体育赛事。

到2025年，上海市还将新建或改扩建健身设施项目不少于8000个，新增体育场地面积不少于600万平方米，届时，人均体育场地面积将达到2.6平方米以上。

小贴士：

1. 某些户外运动场所的部分区域是不能骑行的，需提前确认。
2. 上海世纪公园内的5公里跑步道值得一试。那里的漫步道和跑步道是分开的，而且没有坡道，路旁还有许多养眼的绿植，很是惬意。苏州河岸边沿线的跑步道同样广受青睐，沿途还能欣赏上海的老建筑，许多在沪日本人常去那里跑步。
3. 社区里的运动设施开放时间各不相同，需提前询问开放时间。

中文练习：

1. 哪里可以骑车?
   どこでサイクリングできますか？
2. 开到几点?
   何時まで開いていますか？

屋外運動編

主人公： 藤田康介
上海在住歴： 26年
場　所：　屋外運動場

QRコードをスキャンして
映像を見よう

　上海では、ここ数年、スポーツ施設が急増した。上海市の統計によると、2021年現在、市民健康歩道107ヶ所、運動スポット700ヶ所、市民多機能運動場が約100ヶ所作られ、2023年までに上海の1人当たりの運動面積は2.5㎡に達する見込みだ。また、家から15分圏内に公園や遊歩道、スポーツ用品店が開設され、以前は海外から取り寄せていた用具も上海で買えるようになった。

　本編の主人公、藤田康介さんは自転車とランニングと山登りが趣味だ。公園で運動していると、他の人と気軽に声を掛け合うこともでき、新しいコミュニティが形成されつつあると感じている。

　この日、藤田康介さんはサイクリングに出かけた。
藤田：すみません、どこでサイクリングできますか？
管理係：自転車道は、あちらにあります。隣の歩道と間違わないでくださいね。

藤田：はい。スケートボードとロッククライミングの場所
　　　はどこですか？

管理係：スケートボードは前、クライミングは後ろにあり
　　　ますが、一体どのスポーツをするつもりですか？

藤田：どれもやりたいです。ここは何時まで開放されてい
　　　ますか？

管理係：24時間開放されていますので、3つのスポーツを各
　　　3回やっても余裕がありますよ！

　黄浦江沿いには自転車専用道路があり、信号が1ヶ所も無
く、浦西側と浦東側を1周することもできる。また、1〜2km
ごとに休憩場所やトイレが設置されている。夏は街路樹が生い
茂り、春は花が咲いて美しい。黄浦江両岸45kmが整備された
のは2017年、歩道、ランニングコース、自転車道の他、55万
㎡の敷地に約40ヶ所のスケートボード、ロッククライミング、
サッカー、バスケットボール、バドミントン等のスポーツ施設
が作られた。

　一方、屋内の「都市運動センター」も上海で増えつつある。
上海市体育局は、このほど「都市運動センター」のパイロッ
トプロジェクトとして6ヶ所を指定した。都市運動センター指
定を通して、スポーツと関連産業を融合させてスポーツ消費
を促すことが目的だ。例えば、奉賢区にある中体城奉賢都市
運動センターでは、サッカー、テニス、バスケットボール、バ
ドミントン、水泳等19種目のスポーツができる。全ての競技
場はスマホを使ってレッスンや場所の予約ができる。上海市で
は2025年までに、こうした運動施設を8000ヶ所、面積にして
600万㎡を整備し、1人当たり2.6㎡に達する見通しだ。

ミニ知識：

1. 運動施設の中には自転車禁止の所もあるので、事前に確認しよう。
2. 上海世紀公園の1周5 kmのランニングコースは歩道とランニングレーンが分けられ、起伏が無く街路樹もあり走りやすい。また、蘇州河沿いのランニングコースも有名で、オールド上海を感じながら走ることができるので日本人にも人気だ。
3. 各コミュニティの運動施設の開放時間は異なるので事前に確認しよう。

中国語練習：

1. 哪里可以骑车?
   どこでサイクリングできますか？
2. 开到几点?
   何時まで開いていますか？

后 记

　　因为日语记者这份职业，我几乎每天都会结识新的日本朋友，也常常收到他们的"求助"电话：

　　"喂喂！沈桑，一斤苹果能买几个？"

　　"喂喂！我该如何与Tony老师沟通理发需求？"

　　"喂喂！上海人是怎么点外卖、寄快递的？"

　　城市的发展日新月异，吸引了众多日本朋友来沪生活工作。而传统文化和生活方式的差异，则给他们带去不少烦恼。打车、健身、就医、租房、观展……这些于你我而言再熟悉不过的场景，在不少日本朋友的眼中，却成了"十万个为什么"，以致"沈桑"的"热线电话"总是应接不暇。

　　在不断重复的答疑解惑中，一个大胆的想法浮现脑海：既然"市场需求"如此火爆，能否制作专题板块，分享魔都的"生活窍门"，帮助更多初来乍到的日籍友人尽快融入魔都、享受多彩的海派生活？

　　"当然可以，全力支持！"正因为有上海广播电视台融媒体中心和部门领导的果断决策以及上海交通大学出版社的大力协助，最终促成了电视板块《魔都新发现》的制作播出和同名图书的付梓，在此一并表示感谢。当然，因为中日文语言习惯上的差异，内容表达上无法做到完全一一对应，也请读者理解。

　　由于全书内容均取材自真实的"求助"电话，将日语书名译为"もしもし上海"就成了最优解。"もしもし"既是日本人打电话时的发语词"喂喂"，也有表示假设的"如果"之意。身在

上海，如果想坐个公交、如果想看场电影、如果想吃根油条，该如何是好？

假如您也有类似困惑，不妨翻开这本《魔都新发现》找寻答案。魔都新发现，等你来发现！

沈林

上海广播电视台《中日新视界》记者

《魔都新发现》编导